JN023202

目次
CONTENTS

はじめに

第 1 章

役員退職給与に関する法令

第2章

役員退職給与と実務対応

凡例

法法	法人税法
所法	所得税法
相法	相続税法
消法	消費税法
法令	法人税法施行令
法基通	法人税基本通達
所基通	所得税基本通達
相基通	相続税法基本通達
消基通	消費税法基本通達
国通法	国税通則法
会法	会社法
労基法	労働基本法

第1章

役員退職給与に関する法令

1 退職給与の法的性格

　従業員や役員が退職した場合には、いわゆる「退職金」を支給することがあります。従業員に対する退職金と役員に対する退職金とでは、法的に全く異なるものですが、いずれの場合においても、その性格は、一義的にいいきれるものではなく、様々な性格があるといわれています。

　退職金の性格の代表的なものとしては、以下の3つが挙げられます。

> ① 過去の勤務に対する対価の後払い
> ② 在職中の功労に対する報償
> ③ 退職後の生活保障

　このように、退職金は様々な性格を持ち合わせており、支給された退職金が具体的にどのような性格のものかは、個々の退職金の実態に即して判断することとなります。

　例えば、従業員に対する退職金の事例ですが、退職金規程を定めている事業者が、その規程内で懲戒解雇により退職する者等に対する退職金の支給を制限する条項を設け、懲戒解雇した者に対する退職金をその条項に基づき全額不支給にしたことで争われた事例では、裁判所は、以下のように判示しています[1]。

---

(1) 小田急電鉄退職金請求事件（東京高判平成15年12月11日）。

　退職金の支給制限規定は，一方で，退職金が功労報償的な性格を有することに由来するものである。しかし，他方，退職金は，賃金の後払い的な性格を有し，従業員の退職後の生活保障という意味合いをも有するものである。ことに，本件のように，退職金支給規則に基づき，給与及び勤続年数を基準として，支給条件が明確に規定されている場合には，その退職金は，賃金の後払い的な意味合いが強い。

　また、従業員に対する退職金名目の支払が退職所得に該当するか否かが争われた税務訴訟（最判昭和58年9月9日《民集第37巻7号962頁》）においては、退職金の一般的な性格として以下のように述べています。

　一般に、退職手当等の名義で退職を原因として一時に支給される金員は、その内容において、退職者が長期間特定の事業所等において勤務してきたことに対する報償及び右期間中の就労に対する対価の一部分の累積たる性質をもつとともに、その機能において、受給者の退職後の生活を保障し、多くの場合いわゆる老後の生活の糧となるもの…（略）

　では、取締役などの役員に対する退職金の性格は、どのように考えられているのでしょうか。会社法が施行される前の旧商法時代には、主に、役員に対する退職金が旧商法269条の「報酬」に含まれるかが議論されており、その中で、役員に対する退職金の性格も触れられています。

　役員に対する退職金が旧商法269条の「報酬」に含まれるかについては、裁判所で以下のように述べています[2]。

---

(2) 最判昭和39年12月11日（民集第18巻10号2143頁）

> 株式会社の役員に対する退職慰労金は、その在職中における職務執行の対価として支給されるものである限り、商法…（略）…269条にいう報酬に含まれるものと解すべく…（略）

　このように、役員に対する退職金は「職務執行の対価」として支給されるものである限り、旧商法269条の「報酬」に含まれるとされています。そうすると、実際に支給された退職金が、どのような性格のものであれば「職務執行の対価」といえるのかという問題が出てくるわけですが、これは主として事実認定の問題であり、従業員に対する退職金と同じように、個々の退職金の実態に即して判断することになるといえます。この問題について、関西電力における役員退職慰労金に係る事件があり、その控訴審判決（大阪高判昭和48年3月29日・判例時報705号23頁）において、以下のように述べられています[3]。

> 　右退職慰労金には、当該退職役員の在職中の職務執行の対価として支給される報酬の後払い的な部分と、その在職中の功労に報いる趣旨で加算される功労加算的な部分とがあり、右両部分が在職中の職務の執行を基盤として支給され、その在職中における職務執行の対価として支給される趣旨を含んでいることが認められるので、右退職慰労金には商法269条が適用され、定款にその額の定めがない以上、株主総会の決議をもってその額を定めなければならない。

　このように、報酬の後払い的な性格のものは当然として、在職中の功労に報いるものであっても、職務執行の対価であると

---

[3] この事件の上告審である最判昭和48年11月26日（金融・商事判例393号9頁）でも、原審の認定は覆っていません。

されています。つまり、在職中の功労に報いるものといって
も、その役員の職務の執行を通じての功労であることから、職
務執行の対価であると考えられているということです[4]。そし
て、この考え方は、会社法施行後も変わっていません。

　以上のことからすると、役員に対する退職金は、一般的に
は、職務執行の対価としての報酬の後払い的な性格（過去の勤
務に対する対価の後払い）や職務執行上の功労に対する性格
（在職中の功労に対する報償）といった性格を併せ持つ場合が
多いと考えられます。

2　退職金請求権

　退職金は、法的に支払いが強制されるものではありません。
従業員に対する退職金については、労働基準法に従っていくこ
とになりますが、同法上は退職金（退職手当）に関する事項を
就業規則の絶対的記載事項としておらず、相対的記載事項（定
めをする場合に記載しなければならない事項）としています
（労基法89三の二）。そのため、就業規則や退職金規程などで退
職金に関する定めをしていないときは、原則として、退職金の
支払義務は発生せず、従業員に退職金請求権はないこととなり
ます。ただし、就業規則や退職金規程等が存在しなくても、一
定の基準に基づく退職金算出方法で算定した退職金が支払わ
れ、その基準による退職金の支給が労使慣行として成立してい
る場合[5]などには、従業員に退職金請求権が成立し支払義務が

(4)　味村治・品川芳宣『役員報酬の法律と実務』（新訂第2版・商事法務研究会）129
　　頁以下。

あるとされています。

　役員に対する退職金は、従業員の場合とは異なります。役員に対する退職金は、「会社と役員との間の退職金に関する特約」と「定款の定め又は株主総会の決議による金額の決定」が必要です。

　まず、会社と役員との間の退職金に関する特約についてですが、会社と役員との関係は委任に関する規定に従うこととなっており、委任契約は特約がなければ報酬を請求することができません（民法648①、会法330）。ただ、会社と役員との間の委任契約については、一般的に、報酬の特約が明示的又は黙示的にあると解されており、役員に対する退職金も同様に考えられています。

　次に、会社法では、役員に対する職務執行の対価として会社から受ける財産上の利益については定款の定め又は株主総会の決議で定めることとされていることから、役員に対する退職金について定款の定め又は株主総会の決議により金額の決定がない場合には、原則として、役員に退職金請求権は成立しません。また、例えば、取締役に対する退職金では、株主総会で支給に関する基準（会社の業績、その退任する者の勤続年数、担当業務、功績等から割り出した一定の基準等）を示し、具体的な支給金額、支給期日、支給方法などはその支給基準によって定まるものとして、取締役会等に委任する決議を行うことも可能ですが、そのような場合には、取締役会等による決議によって金額が決定したときに、退職金請求権が成立することになり

(5) 日本ダンボール研究所事件（東京地判昭和51年12月22日《時報846号109頁》）。
　その他、宍戸商会事件（東京地判昭和48年2月27日《労経速報807号12頁》）など。

ます。なお、取締役会の決議により内規で支給基準を定め、それに基づいて支給がなされてきた慣行がある場合でも、定款の定め又は株主総会の決議がなければ、退職金請求権は成立しません[6]。役員に対する退職金に係るこれらの考え方は、会社の規模にかかわらず同様であることから、いわゆる同族会社においても同様です[7]。

ところで、いわゆる同族会社においては、株主総会が開催されずに代表者の一存で全ての事項が決定されているような会社があることは否定できません。このような会社における役員に対する退職金については、どのように考えればよいのか疑義の生ずるところです。

裁判例においては、そのような会社においても、退職金請求権を認めているものがあります。例えば、代表取締役であるA及びB（Aの妻）が中心となって経営してきた小規模な閉鎖的同族会社で、名目的な株主はいたものの、実質的に出資して経営してきたのはA及びBの両名であり、従来、取締役会も株主総会も開かれたこともないという会社（被控訴人）において、取締役であるCが死亡したことから、A及びBの承諾によりCの妻（控訴人）に死亡退職金が支払われたところ、後日、その妻に対して不当利得としてその返還を求めた事例があります。

---

(6) 東京地判平成 27 年 7 月 21 日（金融・商事判例 1476 号 48 頁）、東京高判平成 28 年 1 月 20 日（Westlaw Japan 文献番号 2016WLJPCA01206001）。なお、株主総会決議を経ずに支給された退職慰労金について、従前から、株主総会決議を経ることなく、発行済株式総数 99％以上を保有する代表者が決裁することによって退職慰労金を支給し、退任役員が代表者の決裁を経たものと信じたとしても無理からぬものがある場合には、会社が不当利得返還請求をすることは権利の濫用に当たるとされた事例があります（最判平成 21 年 12 月 18 日・民集第 232 号 803 頁）。

(7) 最判昭和 56 年 5 月 11 日（集民第 133 号 1 頁）。

これについて、裁判所は、以下のとおり述べて、不当利得の返還請求を認めませんでした[8]。

本件支払金は、…（略）…、被控訴人から控訴人に対する贈与ともみられないではないのであるが、他方、Cには本件支払金以外に退職金は支払われていないのであって、少なくともCの生前の取締役としての職務執行の対価ないしその功労に対する報酬の性格も併せ持つものであることは否定できないというべきであり…（略）…、また取締役報酬のお手盛りにより会社・株主に損失を与えることの防止を目的としている商法269条の立法趣旨からすれば、本件支払金についても同条が適用され、定款の定め、又は株主総会の決議のあることが必要であると解するのが相当である。

（略）被控訴人においては、従来取締役会も株主総会も開かれたことはなく、本件支払金を控訴人に支払うことについては実質上の株主であるA及びBが承諾していたのであって、このような場合、前記商法269条の趣旨からすれば、実質的な株主全員の承諾を得たことにより、その目的とする弊害は防止し得るのであるから、本件支払金については株主総会の決議があったものとして扱うのが相当であるというべきである。

（略）本件支払金はCの退職金ないし残された控訴人ら遺族の生活の資にする趣旨で、適法な手続に則り、被控訴人から控訴人に支払われたものである（略）。

また、他の裁判例では、代表取締役甲を中心とする同族会社であるとともに、甲のいわゆるワンマン会社で、これまで株主総会や取締役会が開催されたことはないという会社（控訴人）において、退任した取締役乙（被控訴人）との間で退職金を支

(8) 大阪高判平成元年12月21日（判例時報1352号143頁）。

払うとの合意がされたにもかかわらず、その支払いが行われなかったことから、乙がその支払を求めたところ、株主総会の決議がされていないことを理由に支払義務がないと主張した事例があります。これについて、裁判所は、以下のとおり述べて、その主張を認めませんでした[9]。

　　取締役の報酬を株主総会の決議によらしめた趣旨は取締役ないし取締役会のいわゆるお手盛りの弊害を防止し株主の利益を保護することにあることは明らかであるから、株主総会の決議事項について株主総会に代わり意思決定する等実質的に株主権を行使して会社を運営する株主が唯1人である場合に、その1人の株主によって退職金の額の決定がされたときは、実質上株主保護が図られ取締役のいわゆるお手盛りは防止されることになるわけであり、したがって、株主総会の決議がなくてもこれがあったと同視することができるというべきであるのみならず、控訴人会社のように、株主総会が一度も開かれず、計算書類の承認、取締役の選任、退職金を除く取締役の報酬の決定等法律上株主総会の決議でなすべき事項がすべて甲によって意思決定されてきた場合には、他の株主は甲に対して株主総会の決議でなすべき事項の処理をゆだねていたものといわざるを得ないから、（略）、甲が決定した退職金について株主総会の決議の欠缺を主張してその支払を拒むことは、信義則上許されないものというべきである。

3　役員退職給与の意義

　　会社法においては、役員に対する退職金の意義について特段

---

(9) 東京高判平成7年5月25日（判例タイムズ892号236頁）。その他、京都地判平成4年2月27日（判例時報1429号133頁）、東京高判平成15年2月24日（金融・商事判例1167号33頁）など。

定めはなく、役員に対する報酬、賞与その他の職務執行の対価として株式会社から受ける財産上の利益を「報酬等」と定義付けるにとどまります。法人税法においても、役員に対する退職金の意義についての定めはありません。また、退職金の名称も、一般的に「退職金」、「退職手当金」、「退職慰労金」といったように様々な名称で呼ばれています。

　本書は、法人の役員が支給を受ける退職金について、主に法人税法の視点から解説するものであることや、法人税法では「退職給与」という名称を使用していることから、ここからは、「退職給与」又は「役員退職給与」という名称を使用していくこととします。

　法人税法においては、同法34条で、「役員給与の損金不算入」として内国法人が支給する役員給与に関する規定が設けられていますが、そこでは役員に対して支給する給与のひとつとして退職給与を位置付けているのみで、どのようなものが退職給与に該当するかを明確に定めていません。

　一方、所得税法においては、退職所得について退職手当、一時恩給その他の退職により一時に受ける給与及びこれらの性質を有する給与に係る所得と規定しています（所法30①）。そして、具体的には、退職手当等とは、本来退職しなかったとしたならば支払われなかったもので、退職したことに基因して一時に支払われることとなった給与をいうとしています（所基通30-1）。また、裁判所においては、この「退職手当、一時恩給その他の退職により一時に受ける給与及びこれらの性質を有する給与」に当たるというためには、以下の要件を備える必要があるとしています[10]。

　ある金員が、右規定にいう「退職手当、一時恩給その他の退職により一時に受ける給与」にあたるというためには、それが、⑴退職すなわち勤務関係の終了という事実によってはじめて給付されること、⑵従来の継続的な勤務に対する報償ないしその間の労務の対価の一部の後払の性質を有すること、⑶一時金として支払われること、との要件を備えることが必要であり、また、右規定にいう「これらの性質を有する給与」にあたるというためには、それが、形式的には右の各要件のすべてを備えていなくても、実質的にみてこれらの要件の要求するところに適合し、課税上、右「退職により一時に受ける給与」と同一に取り扱うことを相当とするものであることを必要とすると解すべきである。

　このような状況において、一般的に、法人税法における退職給与とは「退職により支給される一切の給与」とされ、所得税法における退職所得を含むのはもちろんのこと、相続税法上相続財産とみなされる退職手当金や退職により支給される退職年金も含まれると考えられています[11]。つまり、法人税法における退職給与は、所得税法における退職所得よりも広い概念で捉えられているといえます。

　その他、法人税法上の退職給与に該当するか否かは、退職給与規程の有無やそれに基づく支給かどうかといったことは関係なく、また、支出の名義（退職金、退職手当金、退職慰労金等）も関係ありません。

　なお、遺族に対する弔慰金の一部が役員退職給与であるとされた長野地判昭和62年4月16日（TAINSコード：Z158-5909）

---

(10) 最判昭和58年9月9日（民集第37巻7号962頁）。
(11) 武田昌輔編著「DHCコンメンタール法人税法」2163頁の10。

では、法人税法上の役員退職給与について、以下のように解されるとしています。

> 　役員退職給与とは、予じめ定めた退職給与に基づくものであるかどうかを問わず、また、その支出名義の如何を問わず、役員の退職に起因して支給される一切の役務提供の対価としての給与をいうものと解される。

　また、分掌変更に伴う役員退職給与の分割支給等で争われた東京地判平成27年2月26日（税資第265号-30《順号12613》）では、以下のように解すべきであるとしています。

> 　同法は、「退職給与」について、特段の定義規定は置いていないものの、同法34条1項が損金の額に算入しないこととする給与の対象から役員退職給与を除外している上記趣旨に鑑みれば、同項にいう退職給与とは、役員が会社その他の法人を退職したことによって初めて支給され、かつ、役員としての在任期間中における継続的な職務執行に対する対価の一部の後払いとしての性質を有する給与であると解すべきである。

　このように裁判例においても、法人税法上の役員退職給与は、役員に対する給与のうち退職を起因として支給されるものであると考えられているといえるでしょう。

2 会社法の定め

　会社の設立、組織、運営及び管理については、会社法の規定に従っていくこととなります。銀行や保険会社などは、銀行法や保険業法などといった会社法とは別の法律にも従っていくこととなりますが、そのような特別な法律の規定がある場合を除き、会社法の規定が適用されることとなります。

1　役員の範囲

　会社法上、役員とは、以下の者をいいます（会社法329①）。

① 　取締役
② 　会計参与
③ 　監査役

　また、会社法上、「役員等」という場合は、会社法上の役員に加えて、執行役又は会計監査人を含みますが、あくまでも、執行役や会計監査人は役員等の「等」に該当するため、会社法上の役員ではありません（会法423）。執行役は、指名委員会等設置会社で設置が強制されている業務執行機関ですが、取締役が兼任することも可能であることから、そのような場合には会社法上の役員に該当することとなります（会法402①⑥、418①）。また、会社法施行規則では、「取締役、会計参与、監査役、執行役、理事、監事その他これらに準ずる者」を役員と定義付けていますが、一般的に役員というと、会社法上の役員（取締役、会計参与及び監査役）を指すことが多いでしょう。

なお、近年においては、「執行役員」制度を設けている会社が多くあります。「執行役」と混同されやすいですが、業務執行機関である執行役とは異なり、執行役員はあくまでも会社内部の任意の制度です。したがって、その性格は会社によって異なっており、それぞれの会社の制度設計によることになりますが、例えば、取締役が執行役員になっている場合には、会社法上の役員に該当することとなります。

2　役員に対する報酬等に関する規定

　会社法では、役員に対する報酬、賞与その他の職務執行の対価として株式会社から受ける財産上の利益については、「定款の定め」又は「株主総会の決議」で定めることとされています。

　具体的には、以下のとおり規定されています。

<取締役の報酬等>（会法 361 ①④）
　取締役の報酬、賞与その他の職務執行の対価として株式会社から受ける財産上の利益（以下この章において「報酬等」という。）についての次に掲げる事項は、定款に当該事項を定めていないときは、株主総会の決議によって定める。
　一　報酬等のうち額が確定しているものについては、その額
　二　報酬等のうち額が確定していないものについては、その具体的な算定方法
　三　報酬等のうち金銭でないものについては、その具体的な内容
2～3（略）
4　第 1 項第 2 号又は 3 号に掲げる事項を定め、又はこれを改定する議案を株主総会に提出した取締役は、当該株主総会において、当該事項を相当とする理由を説明しなければならない。
5～6（略）

> **＜会計参与の報酬等＞（会法379）**
>
> 　会計参与の報酬等は、定款にその額を定めていないときは、株主総会の決議によって定める。
>
> 2　会計参与が2人以上ある場合において、各会計参与の報酬等について定款の定め又は株主総会の決議がないときは、当該報酬等は、前項の報酬等の範囲内において、会計参与の協議によって定める。
>
> 3　会計参与（会計参与が監査法人又は税理士法人である場合にあっては、その職務を行うべき社員）は、株主総会において、会計参与の報酬等について意見を述べることができる。

> **＜監査役の報酬等＞（会法387）**
>
> 　監査役の報酬等は、定款にその額を定めていないときは、株主総会の決議によって定める。
>
> 2　監査役が2人以上ある場合において、各監査役の報酬等について定款の定め又は株主総会の決議がないときは、当該報酬等は、前項の報酬等の範囲内において、監査役の協議によって定める。
>
> 3　監査役は、株主総会において、監査役の報酬等について意見を述べることができる。

　まず、取締役に対する報酬等について、定款の定め又は株主総会の決議を必要とされるのは、取締役によるお手盛りを防止する必要があるためです[12]。例えば、取締役が自らの報酬等を自らで決定できることとすると、好きなだけ報酬等を支給する可能性があり、会社（株主）の利益と衝突することになります。そのようなお手盛りを防止するために、定款の定め又は株

---

(12)　最判昭和60年3月26日（集民第144号247頁）。

主総会の決議が求められています。

　会計参与や監査役に対する報酬等についても、定款の定め又は株主総会の決議が必要とされます。この規定の趣旨は、取締役の場合とは異なり、適正な報酬等の確保により、会計参与や監査役の独立性を担保しようという趣旨です。

　それぞれの規定の趣旨は異なりますが、役員に対する報酬等の支給手続としては、定款の定め又は株主総会の決議が必要であるということになります。そして、役員に対する退職給与は、会社法上、「職務執行の対価として株式会社から受ける財産上の利益」と解されています。そのため、役員退職給与を支給するには、上記規定に基づいて、「定款の定め」又は「株主総会の決議」で定めていく必要があります[13]。

　実務上の対応としては、定款で具体的な金額を定めることは稀でしょう。一般的には、定款に「取締役の報酬及び退職慰労金は，株主総会の決議によって定める」などの定めを置いた上で、株主総会の決議で定めていくことが多いと考えられます。また、取締役に対する退職給与では、株主総会で支給に関する基準（会社の業績、その退任する者の勤続年数、担当業務、功績等から割り出した一定の基準等）を示し、具体的な支給金額、支給期日、支給方法などはその支給基準によって定まるものとして、取締役会等に委任する決議を行うことも可能とされています[14]。ただし、無条件に取締役会等に一任することはで

---

(13) 最判昭和 39 年 12 月 11 日（民集第 18 巻 10 号 2143 頁）、最判昭和 56 年 5 月 11 日（集民第 133 号 1 頁）ほか。
(14) 最判昭和 39 年 12 月 11 日（民集第 18 巻 10 号 2143 頁）、最判昭和 44 年 10 月 28 日（集民第 97 号 95 頁）。

きません。なお、会計参与や監査役に対する退職給与は、それらに対する報酬等の規定の趣旨から、取締役会に委任することは認められず、会計参与や監査役の協議に委任しなければならないと考えられています[15]。

---

(15) 江頭憲治郎『株式会社法』(第7版・有斐閣) 544頁、549頁。

3 法人税法の定め

　法人税法においては、役員に対する給与の損金算入について、一定の制限を設けています。そのため、まず初めに法人税法上の役員の範囲を理解しておく必要があります。

1　役員の範囲

　法人税法上、役員とは、以下の者をいいます（法法2十五、法令7）。

> ①　取締役、執行役、会計参与、監査役、理事、監事及び清算人
> ②　①以外の者で以下のいずれかに該当するもの
> （ア）　法人の使用人（職制上使用人としての地位のみを有する者に限る。）以外の者でその法人の経営に従事しているもの
> （イ）　同族会社の使用人（職制上使用人としての地位のみを有する者に限る。）のうち、一定の要件の全てを満たしている者で、その会社の経営に従事しているもの
> ※会計参与である監査法人又は税理士法人及び持分会社の社員である法人についても、役員に含まれます（法基通9-2-2）。

　上記のとおり、法人税法においては、会社法上の役員のようにその法人の根拠法令の規定で役員とされる者及びその法人の定款や寄附行為等で役員として定められている者（上記①）のみならず、一定の要件に該当する者（上記②）も含めて「役員」としています。この上記②の者は、いわゆる「みなし役員」といい、形式上は株主総会等で選任された役員ではないけれども、実質上は会社の経営に従事している者が該当します。単に

形式上役員ではないということをもって、法人税法上も役員ではないとしてしまうと、その形式を利用して法人税法上の役員に関する規制から逃れることができてしまいます。そのため、課税の公平の観点から、実質上会社の経営に従事している者も役員の範囲に含めているのです。

では、みなし役員について、具体的にどのような者が該当するか解説します。

（1）法人の使用人以外の者で経営従事しているもの

法人の使用人（職制上使用人としての地位のみを有する者に限る）以外の者でその法人の経営に従事しているものは、みなし役員に該当します（法令7一）。

ここでいう使用人以外の者でその法人の経営に従事しているものには、相談役、顧問その他これらに類する者でその法人内における地位、その行う職務等からみて他の役員と同様に実質的に法人の経営に従事していると認められるものが含まれるとされており（法基通9-2-1）、具体的には、以下のものが含まれます[16]。

> （ア）取締役又は理事となっていない総裁、副総裁、会長、副会長、理事長、副理事長、組合長等の表見的な役員
>
> （イ）合同会社の業務執行社員
>
> （ウ）人格のない社団等における代表者もしくは管理人
>
> （エ）法定役員ではないが、法人が定款等において役員として定めている者

---

(16) 佐藤友一郎編著『法人税基本通達逐条解説（九訂版）』（税務研究会出版局）811頁。

> （オ）相談役、顧問その他これらに類する者で、その法人内におけ
> る地位、職務等からみて実質的にその法人の経営に従事して
> いると認められるもの

　このみなし役員の規定は、法人の規模に関係なく、また、同族会社か非同族会社かを問いません。したがって、全ての法人において適用がある規定となります。

　なお、経営に従事しているか否かの考え方は、後述の（３）を参照してください。

（２）同族会社の使用人のうち一定の者でその会社の経営に従事しているもの

　同族会社の使用人（職制上使用人としての地位のみを有する者に限る）のうち、一定の要件の全てを満たしている者（特定株主）で、その会社の経営に従事しているものは、みなし役員に該当します（法令７二）。

　この規定でみなし役員とされる者の１つ目の要件は、「同族会社の使用人」であるということです。つまり、同族会社に該当しない会社の使用人であれば、この規定によってみなし役員と認定されることはありません。

　２つ目の要件は、「一定の要件の全てを満たしている者」（特定株主）であるということです。ここでいう一定の要件の全てを満たしている者とは、以下の者のことをいいます（法令７二、71①五）[(17)]。

　同族会社の使用人のうち次に掲げる要件の全てを満たしている者

①　その会社の株主グループにつきその所有割合が最も大きいものから順次その順位を付し、その第1順位の株主グループ（同順位の株主グループが2以上ある場合には、その全ての株主グループ。①において同じ）の所有割合を算定し、又はこれに順次第2順位及び第3順位の株主グループの所有割合を加算した場合において、その使用人が次に掲げる株主グループのいずれかに属していること

（ア）第1順位の株主グループの所有割合が100分の50を超える場合におけるその株主グループ

（イ）第1順位及び第2順位の株主グループの所有割合を合計した場合にその所有割合がはじめて100分の50を超えるときにおけるこれらの株主グループ

（ウ）第1順位から第3順位までの株主グループの所有割合を合計した場合にその所有割合がはじめて100分の50を超えるときにおけるこれらの株主グループ

②　その使用人の属する株主グループのその会社に係る所有割合が100分の10を超えていること

③　その使用人（その配偶者及びこれらの者の所有割合が100分の50を超える場合における他の会社を含む。）のその会社に係る所有割合が100分の5を超えていること

　ここでいう「株主グループ」とは、その会社の一の株主等（その会社が自己の株式又は出資を有する場合のそのその会社を除

---

(17) この判定は、法令上、「使用人兼務役員とされない役員」（法令71①五）の規定中「役員」とあるのを「使用人」と読み替えた場合に同号の要件を満たすかどうかで判定することとされていることから、本文ではすべて「使用人」と読み替えて記載しています。

きます）及びその株主等と親族関係など特殊な関係のある個人や法人（以下「同族関係者」といいます（法法2十））をいいます（法令71②）。第1順位の株主グループと同順位の株主グループがあるときは、その同順位の株主グループを含めたものが第1順位の株主グループに該当し、これに続く株主グループが第2順位の株主グループに該当することとなります（法基通9－2－8）。また、その使用人自身が、株式を所有していない場合であっても、その使用人の同族関係者がその会社の株式等を有している場合には、その使用人もその株主グループに属する使用人ということになります（法基通9－2－7）。

「所有割合」とは、以下の割合をいいます（法令71③）。

---

① その会社がその株主等の有する株式又は出資の数又は金額による判定により同族会社に該当する場合
　⇒ その株主グループの有する株式の数又は出資の金額の合計額がその会社の発行済株式又は出資（その会社が有する自己の株式又は出資を除く。）の総数又は総額のうちに占める割合

② その会社が一定の議決権（注）による判定により同族会社に該当する場合
　⇒ その株主グループの有するその議決権の数がその会社のその議決権の総数（その議決権を行使することができない株主等が有するその議決権の数を除く。）のうちに占める割合

（注）一定の議決権（法令4③二イ〜ニ）
　イ 事業の全部若しくは重要な部分の譲渡、解散、継続、合併、分割、株式交換、株式移転又は現物出資に関する決議に係る議決権
　ロ 役員の選任及び解任に関する決議に係る議決権
　ハ 役員の報酬、賞与その他の職務執行の対価として会社が供与する財産上の利益に関する事項についての決議に係る議決権
　ニ 剰余金の配当又は利益の配当に関する決議に係る議決権

---

③　その会社が社員又は業務を執行する社員の数による判定により同族会社に該当する場合
　⇒　その株主グループに属する社員又は業務を執行する社員の数がその会社の社員又は業務を執行する社員の総数のうちに占める割合

　そして、3つ目の要件は、「経営に従事しているもの」であるということです。なお、経営に従事しているか否かの考え方は、下記（3）を参照して下さい。

（3）「経営に従事している」とは

　上記（1）及び（2）のいずれにおいても、経営に従事しているということがみなし役員の要件となっています。しかし、どのようなことが経営に従事しているというのかは、法人税法や通達などでは明らかにされていません。一般的には、法人の事業運営上の重要事項の意思決定に参画しているかどうかという点がポイントであると考えられており、例えば、以下のような事項の決定に関与しているかどうかを検討する必要があるでしょう[18]。

　（ア）仕入計画の決定に関与しているか
　（イ）販売計画の決定に関与しているか
　（ウ）資金計画の決定に関与しているか
　（エ）人事計画の決定に関与しているか
　（オ）設備計画の決定に関与しているか　　など

[18] 山口地判昭和40年4月12日（税資Z041-1382）、国税不服審判所昭和53年7月17日裁決（裁決事例集№16-36頁）、国税不服審判所平成18年11月28日裁決（非公表裁決）（TAINSコードF0-2-277）他。

23

これらの事項の決定に関与している場合には、経営に従事しているといえると考えられます。

ところで、上記2（会社法の定め）で触れたとおり、会社内部の任意の制度として「執行役員」制度を設けている場合があります。この執行役員が、みなし役員に該当するかどうか判断に迷うところです。この点について、執行役員制度は、代表取締役等の業務執行を執行役員が担当するものであり、一般に、代表取締役等の指揮・監督の下で業務執行を行い、会社の経営方針や業務執行の意思決定権限を有していないことから、法人の経営に従事しているものには該当しないものと考えられています[19]。そのため、そのような執行役員については、みなし役員に該当しないこととなります。なお、執行役員制度は、会社内部の任意の制度であることから、個々の会社によっては、執行役員が会社の経営方針や業務執行の意思決定権限を有する場合も考えられます。そのような場合には、法人の「経営に従事している」ものに該当し、みなし役員に該当することとなります。その他、取締役が執行役員を兼任している場合には、法人税法上の役員又は使用人兼務役員（下記2参照）に該当します。

以上の法人税法上の役員について、図で示すと以下のとおりとなります。

---

(19)「所得税基本通達30-2の2《使用人から執行役員への就任に伴い退職手当等として支給される一時金》の取扱いについて（情報）」（法人課税課情報《源泉所得税関係》・第2号・平成19年12月5日・国税庁法人課税課）問7

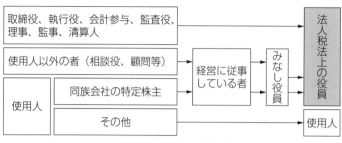

（出典　『図解法人税』（大蔵財務協会、筆者一部加工））

2　使用人兼務役員

　法人税法においては、後に確認するとおり、役員に対する給与全般について一定の規制を設けていますが、その中には使用人兼務役員に対する給与も含まれているため、ここで使用人兼務役員について説明します。

　使用人兼務役員とは、役員（社長、理事長その他一定のものを除きます）のうち、部長、課長その他法人の使用人としての職制上の地位を有し、かつ、常時使用人としての職務に従事するものをいいます（法法34⑥）。つまり、「使用人」という立場と「役員」という立場の両方を併せ持っている者ということです。

　ただし、役員の中でも、以下の者は使用人兼務役員にはなれません（法令71①）。

<使用人兼務役員とされない役員>
① 社長、理事長、代表取締役、代表執行役、代表理事及び清算人
② 副社長、専務、常務その他これらに準ずる職制上の地位を有する役員

③　合名会社、合資会社及び合同会社の業務執行社員

④　取締役（指名委員会等設置会社の取締役及び監査等委員である取締役に限ります。）、会計参与及び監査役並びに監事

⑤　①から④までのほか、同族会社の役員のうち「一定の要件の全てを満たしている者」_{（注）}

（注）この要件は、上記1（2）の「一定の要件の全てを満たしている者」（特定株主）と同様ですので、「使用人」を「役員」と読み替えてください。その他、株主グループや所有割合の考え方も同様です。

　これらの者は、仮に、使用人としての職制上の地位を有し、かつ、常時使用人としての職務に従事していたとしても、使用人兼務役員にはなれません。また、②の副社長や専務、常務といった職制上の地位を有する役員ですが、これは定款等の規定又は総会若しくは取締役会の決議等によりその職制上の地位が付与された役員のことをいうことから、いわゆる自称専務や通称常務のように、職制上は単なる平取締役であって、その実質は使用人兼務役員として認められる者については、その実質に即して取り扱われることとなります（法基通9−2−4）。

　また、「使用人としての職制上の地位」とは、支店長、工場長、営業所長、支配人、主任等法人の機構上定められている使用人たる職務上の地位をいいます。取締役等で総務担当、経理担当というように使用人としての職制上の地位ではなく、法人の特定の部門の職務を統括しているものは、使用人兼務役員には該当しません（法基通9−2−5）。中小企業の場合、わざわざ使用人について機構として職制上の地位を定めていない場合も多く見受けられます。事業内容が単純で使用人が少数である等、法人が特に機構としてその職制上の地位を定めていない場

合には、その役員（使用人兼務役員とされない役員を除きます）で、常時従事している職務が、他の使用人の職務内容と同質であると認められるものについては、使用人兼務役員と取り扱うことができます（法基通9−2−6）。

なお、同族会社の使用人のうち上記1（1）の「一定の要件の全てを満たしている者」（特定株主）に該当し、みなし役員とされる者も使用人兼務役員になれません。また、非常勤役員も常時使用人としての職務に従事していないので、使用人兼務役員にはなれません[20]。

3　債務確定基準

法人税法22条においては、「各事業年度の所得の金額の計算の通則」を規定しており、そのうち損金に関する規定を示すと以下のとおりです。

> **＜法人税法22条＞**
> 　内国法人の各事業年度の所得の金額は、当該事業年度の益金の額から当該事業年度の損金の額を控除した金額とする。
> 2　（略）
> 3　内国法人の各事業年度の所得の金額の計算上当該事業年度の損金の額に算入すべき金額は、別段の定めがあるものを除き、次に掲げる額とする。
> 　一　当該事業年度の収益に係る売上原価、完成工事原価その他これらに準ずる原価の額
> 　二　前号に掲げるもののほか、当該事業年度の販売費、一般管理

---

(20) 佐藤友一郎編著『法人税基本通達逐条解説（九訂版）』（税務研究会出版局）814頁以下。

費その他の費用（償却費以外の費用で当該事業年度終了の日までに債務の確定しないものを除く。）の額

　三　当該事業年度の損失の額で資本等取引以外の取引に係るもの

4　（略）…前項各号に掲げる額は、別段の定めがあるものを除き、一般に公正妥当と認められる会計処理の基準に従って計算されるものとする。

5　（略）

（下線筆者挿入）

　上記のとおり、内国法人の各事業年度の所得の金額の計算上その事業年度の損金の額に算入すべき金額は、別段の定めがあるものを除き、「原価の額」、「費用の額」及び「損失の額」とされています（法法22③）。そして、それらは別段の定めがあるものを除き、一般に公正妥当と認められる会計処理の基準に従って計算されるものとするとされています（法法22④）。すなわち、法人の所得計算は、原則として、企業会計に準拠して行われることを意味しています。

　ただし、費用の額については、償却費以外の費用で当該事業年度終了の日までに債務の確定しないものを除くとされており、いわゆる「債務確定基準」が採用されています（法法22③二）。これにより、企業会計上、引当金を計上したり、見越費用を計上したりしても、別段の定めがない限り、法人税法上の損金の額に算入することはできません。法人税法では、法人の恣意性排除や課税の公平を確保する観点から、原則として、引当金や見越費用等の計上を認めないということです。

　役員退職給与についても、この債務確定基準に従うこととなるため、役員退職給与引当金を計上したとしても、繰入時には

損金の額に算入されないこととなります。

　では、債務確定基準における債務確定とは、どういう場合をいうのでしょうか。この点、法人税基本通達2−2−12において以下のとおり定めています。

第①章　役員退職給与に関する法令

> **＜債務の確定の判定＞（法基通2−2−12）**
>
> 　法第22条第3項第2号《損金の額に算入される販売費等》の償却費以外の費用で当該事業年度終了の日までに債務が確定しているものとは、別に定めるものを除き、次に掲げる要件の全てに該当するものとする。
> ① 　当該事業年度終了の日までに当該費用に係る債務が成立していること
> ② 　当該事業年度終了の日までに当該債務に基づいて具体的な給付をすべき原因となる事実が発生していること
> ③ 　当該事業年度終了の日までにその金額を合理的に算定することができるものであること

　まず1つ目の要件として「債務の成立」を挙げています。例えば、ある業務を委託業者に依頼し、その業者がそれを受託したときに契約が成立します。そうすると、委託業者は依頼された業務を行う債務を負うとともに、委託元は代金を支払う債務を負うことになります。これが債務の成立です。

　2つ目の要件として「具体的な給付原因となる事実の発生」を挙げています。上記の例でいえば、委託業者が業務を完了したことが必要であるということになります。

　そして、3つ目の要件として「金額の合理的算定」を挙げています。これは、言葉のとおりであり、上記の例でいえば、委託業務に係る金額を算定できる必要があるということです。

　この債務確定基準について役員退職給与で考えてみると、役

員退職給与は定款の定め又は株主総会の決議が無ければ退職金請求権は発生しないことから、一般的には、退職の事実とともに、定款の定め又は株主総会の決議等によって具体的な金額が確定した時点で債務が確定したということになります。したがって、役員退職給与は、その額が具体的に確定した日の属する事業年度の損金の額に算入されます。なお、法人税基本通達9－2－28においては、役員退職給与を実際に支払った日の属する事業年度で損金経理することとした場合には、これを認めることとしており、役員退職給与における原則的な債務確定の考え方に一定の例外を認めています。

4　役員退職給与に関する規定

（1）概要

　法人税法34条においては、「役員給与の損金不算入」として、役員に対する給与全般を規制する規定を設けています。役員に対する給与は、法人と役員との間の委任契約に基づいて提供された労務の対価であることから、原則的には、損金の額に算入されるものです。一方、会社法上でお手盛り防止のために定款の定め又は株主総会の決議という手続きが求められているとおり、恣意性の介入する余地があることも否定できません。法人税法上、そういった性質のものを全面的に損金に算入すると、課税の公平が保たれない可能性があることから、別段の定めとして、損金に算入することを一定程度制限することとしています。

　この法人税法34条の主たる部分の概要を示すと以下のとおりです。

＜役員給与の損金不算入＞（法法34）

　内国法人がその役員に対して支給する給与（退職給与で業績連動給与に該当しないもの、使用人としての職務を有する役員に対して支給する当該職務に対するもの及び第3項の規定の適用があるものを除く。以下この項において同じ。）のうち次に掲げる給与のいずれにも該当しないものの額は、その内国法人の各事業年度の所得の金額の計算上、損金の額に算入しない。

　　一　その支給時期が1月以下の一定の期間ごとである給与（定期給与）で当該事業年度の各支給時期における支給額が同額であるものその他これに準ずるものとして政令で定める給与

　　二　その役員の職務につき所定の時期に、確定した額の金銭又は確定した数の株式等を交付する旨の定めに基づいて支給する給与で、定期同額給与及び業績連動給与のいずれにも該当しないもの

　　　イ～ハ（略）

　　三　内国法人（同族会社にあっては、同族会社以外の法人との間に当該法人による完全支配関係があるものに限る。）がその業務執行役員に対して支給する業績連動給与で、一定の要件を満たすもの

2　内国法人がその役員に対して支給する給与（前項又は次項の規定の適用があるものを除く。）の額のうち不相当に高額な部分の金額として政令で定める金額は、その内国法人の各事業年度の所得の金額の計算上、損金の額に算入しない。

3　内国法人が、事実を隠蔽し、又は仮装して経理をすることによりその役員に対して支給する給与の額は、その内国法人の各事業年度の所得の金額の計算上、損金の額に算入しない。

4～8（略）

　上記の条文を分かりやすく簡略化及び補足すると以下のようになります。

<第1項>
　役員給与（退職給与で業績連動給与に該当しないもの、使用人兼務役員に対して支給する使用人部分の給与及び第３項の規定の適用があるものを除く）のうち次の①〜③のいずれにも該当しないものは、損金不算入とする。
　①　定期同額給与
　②　事前確定届出給与
　③　業績連動給与で一定の要件を満たすもの
<第2項>
　役員給与（第１項又は第３項の規定の適用があるものを除く）の額のうち不相当に高額な部分の金額は、損金不算入とする。
<第3項>
　事実を隠蔽し、又は仮装して経理をすることにより支給する役員給与は、損金不算入とする。

　まず、１項は、いわゆる①定期同額給与、②事前確定届出給与、③業績連動給与で一定の要件を満たすものを規定したものです。ここでいう役員給与からは、「退職給与で業績連動給与に該当しないもの」は除かれていますので、そのような退職給与は１項の規定は適用されません。逆に、業績連動給与に該当する退職給与は、１項の規定の適用を受けることから、１項の損金算入要件を満たさない限り、損金の額に算入できません。

　そして、２項は不相当に高額な部分、３項は事実を隠蔽・仮装して支給した役員給与を損金の額に算入しないというものです。１項の損金算入要件を満たしたとしても、これら２項又は３項の規定の適用がある場合は、損金不算入となります。

　この１項から３項まででいう「給与」には、債務の免除による利益その他の経済的な利益も含むこととされていることか

ら、役員退職給与についても実際に支給した金銭だけではなく経済的な利益も含まれることとなります（法法34④）。

　なお、1項の規定は、使用人兼務役員に対する給与のうち使用人としての職務に対する給与（使用人部分給与）は適用から除かれています。しかし、2項及び3項の規定については、その部分も含めて適用があります。

（2）不相当に高額な部分の金額の損金不算入

　通常の役員退職給与については、一般的に、業績連動給与に該当しないものが多いと考えられますので、2項の「不相当に高額な部分の金額」の損金不算入規定に抵触しないように留意すればよいでしょう。つまり、業績連動給与に該当しない役員退職給与は、不相当に高額な部分の金額を除いて、損金の額に算入されることとなります。もっとも、「事実を隠蔽し、又は仮装して経理すること」により支給した役員退職給与については、3項の規定の適用がありますので、損金の額に算入することはできません。

　この2項の「不相当に高額な部分の金額」の損金不算入規定は、役員退職給与だけではなく、上記（1）の定期同額給与なども含めた役員給与全般に適用があります。役員に対する給与は、恣意性の介入する余地があり、本来は利益処分としての性質を有する給付を役員給与として支給する可能性があります。そのため、このような隠れた利益処分に対処するために、不相当に高額な部分の金額の損金不算入規定が設けられています[21]。現在の役員給与税制は、平成18年5月1日から施行された会社法や当時の会計制度の改正を捉えて、平成18年度税

制改正で全面的に改正されたものが基礎となっていますが、この2項の規定は、その改正前から法人税法に規定されています。会社法施行前の旧商法においては、「役員賞与」は「利益処分」であると考えられていたことから、平成18年度税制改正前の法人税法においても、役員賞与は損金の額に算入されませんでした（旧法法35①）。そうすると、本来は、利益処分として役員に支給するものについて、役員報酬や役員退職給与を増加させて損金の額に算入させようとする法人が出てきます。そのため、そういった隠れた利益処分に対処するために、不相当に高額な部分の金額は損金の額に算入させないこととなっていたのです[22]。平成18年度税制改正において、役員給与税制は刷新され、役員賞与等の損金不算入の規定は廃止されましたが、この不相当に高額な部分の金額の損金不算入規定は引き続き規定されています。役員給与として損金の額に算入されるのは、定期同額給与などの限られたものだけであり、それ以外は損金の額に算入されないこともあって、改正後も実質は利益処分に当たる給付について、役員給与の名目で給付する傾向があることから、そのような隠れた利益処分に対処するために、引き続き、不相当に高額部分の金額の損金不算入規定が必要であるということです[23]。これにより、役員給与の恣意性を排除し、適正な課税が実現されると考えられています。

　この「不相当に高額な部分の金額」について、具体的にどの

(21) 金子宏『租税法』（第23版・弘文堂）398頁、400頁。
(22) その他、過大な特殊関係使用人給与・退職給与の損金不算入（法法36、旧法法36の2、36の3）についても同様の趣旨で、損金の額に算入されません。
(23) 金子宏『租税法』（第23版・弘文堂）398頁。

ように基準で判断していくのかは、法人税法施行令70条に定められています。この規定では、「役員給与（報酬）」（同条1号）、「役員退職給与」（同条2号）、「使用人兼務役員の使用人としての職務に対する賞与」（同条3号）の3つの支給に関する判断基準を定めています。

ここでは、役員給与（報酬）と役員退職給与の判断基準について、みていきたいと思います。

まず、役員給与（報酬）の判断基準について、法人税法施行令70条1号で定められていますが、その概要を示すと以下のとおりとなります。

次に掲げる金額のうちいずれか多い金額
① **実質基準**
役員に対して支給した給与が、以下の事項に照らし、その役員の職務に対する対価として相当であると認められる金額を超える場合におけるその超える部分の金額
（ア）その役員の職務の内容
（イ）その内国法人の収益の状況
（ウ）その使用人に対する給与の支給の状況
（エ）その内国法人と同種の事業を営む法人でその事業規模が類似するものの役員に対する給与の支給の状況　等
② **形式基準**
定款の規定又は株主総会等の決議により、役員に対する給与の限度額等を定めている内国法人が、その役員に対して支給した給与の額の合計額がその事業年度に係るその限度額等により算定された金額の合計額を超える場合におけるその超える部分の金額

①は、実質基準といわれるものであり、その役員の職務内容

や同業類似法人の役員給与（報酬）の支給状況等から、相当性を判断するというものです。実質基準でいう役員に対して支給した給与には、その役員が使用人兼務役員である場合に支給する使用人分の給料、手当等が含まれることとなります（法基通9－2－21）。また、実質基準での判定は、個々の役員について行っていくことから、相当であると認められる金額を超える部分が存在する役員が二人以上いるのであれば、それらの者の「超える部分」の合計額が損金不算入となります。

　②は、形式基準といわれるものであり、定款の規定又は株主総会等の決議で支給の限度額を定めている場合には、その限度額を超える部分の金額を不相当に高額な部分の金額とするものです。定款の規定又は株主総会の決議で、使用人兼務役員の使用人分の給与を含めないで限度額を定めている場合は、その使用人としての職務に対する給与として支給した金額のうち、他の使用人に対する給与の支給状況等に照らし、その職務に対する給与として相当であると認められる金額を除いて相当性を判断することとなります（法令70一ロ括弧書き、法基通9－2－22）。また、形式基準の判定は、限度額が役員全体で定められている場合には役員全体で行い、個々の役員で定められている場合は個々の役員で行っていきます。

　つぎに、役員退職給与の判断基準については、以下のとおり規定されています。

<過大な役員給与の額>（法令70二）
二　内国法人が各事業年度においてその退職した役員に対して支給した退職給与（法第34条第1項又は第3項の規定の適用があるものを除く。以下この号において同じ。）の額が、当該役員

> のその内国法人の業務に従事した期間、その退職の事情、その内
> 国法人と同種の事業を営む法人でその事業規模が類似するもの
> の役員に対する退職給与の支給の状況等に照らし、その退職した
> 役員に対する退職給与として相当であると認められる金額を超
> える場合におけるその超える部分の金額

　上記のとおり、役員退職給与における「不相当に高額な部分
の金額」というのは、以下の事項に照らし、役員退職給与とし
て相当であると認められる金額を超える部分の金額であるとし
ています。

（ア）法人の業務に従事した期間
（イ）退職の事情
（ウ）その内国法人と同種の事業を営む法人でその事業規模が類
　　　似するものの役員に対する退職給与の支給の状況　　　等

　法人税法施行令70条2号において、これらを列挙している趣
旨は、以下のとおり考えられています。

＜東京地判平成25年3月22日（税資263号－51（順号
12175））＞
　役員退職給与の適正額の算定要素として、業務に従事した期
間、退職の事情及び同業類似法人の役員に対する退職給与の支給
の状況等を列挙している趣旨は、当該退職役員又は当該法人に存
する個別事情のうち、役員退職給与の適正額の算定に当たって考
慮することが合理的であるものについては考慮すべきであるが、
かかる個別事情には種々のものがあり、かつ、その考慮すべき程
度も様々であるところ、これらの個別事情のうち、業務に従事し
た期間及び退職の事情については、退職役員個人の個別事情とし
て顕著であり、かつ、役員退職給与の適正額の算定に当たって考

慮することが合理的であると認められることから、これらを考慮すべき個別事情として例示する一方、その他の必ずしも個別事情として顕著とはいい難い種々の事情については、原則として同業類似法人の役員に対する退職給与の支給の状況として把握するものとし、これを考慮することによって、役員退職給与の適正額に反映されるべきものとしたことにあると解される。

　（下線筆者）

　上記（ア）及び（イ）については、その法人内部の事項であることから、法人として当然把握していることになりますが、上記（ウ）については他の法人に関する事項であることから、把握するのは容易ではありません。しかしながら、国税不服審判所の裁決例や裁判所の裁判例をみると、不相当に高額か否かの判断要素としてこの（ウ）を重視している傾向が強いといえます。これら（ア）から（ウ）までの詳細は、第2章及び第3章で確認していきます。

（3）業績連動給与と功績倍率法

　法人税法34条でいう業績連動給与とは、以下の給与をいいます（法法34⑤）。

（ア）利益の状況を示す指標、株式の市場価格の状況を示す指標その他の内国法人又はその内国法人との間に支配関係がある法人の業績を示す指標を基礎として算定される額又は数の金銭又は株式若しくは新株予約権による給与
（イ）特定譲渡制限付株式若しくは承継譲渡制限付株式（法法54①）又は特定新株予約権若しくは承継新株予約権（法法54の2①）による給与で、無償で取得され、又は消滅する株式又は

> 新株予約権の数が役務の提供期間以外の事由により変動する
> もの

　役員退職給与においても、上記の業績連動給与に該当する場合には、上記（1）でみたとおり、法人税法34条1項の適用を受けることとなり、一定の要件を満たさないと損金の額に算入されません（法法34①三）。

　ところで、役員退職給与の金額を算定する方法として、最終月額報酬と勤続年数の積に一定の倍率を乗じて算定する方法があります。このような方法で算定した役員退職給与が、業績連動給与に該当するのかという疑問が生じますが、この点については、法人税基本通達において、いわゆる功績倍率法により計算した役員退職給与は、業績連動給与に該当しないこととされています（法基通9-2-27の2）。

<法人税基本通達9-2-27の2>

　いわゆる功績倍率法に基づいて支給する退職給与は、法第34条第5項（（業績連動給与））に規定する業績連動給与に該当しないのであるから、同条第1項（（役員給与の損金不算入））の規定の適用はないことに留意する。

（注）　本文の功績倍率法とは、役員の退職の直前に支給した給与の額を基礎として、役員の法人の業務に従事した期間及び役員の職責に応じた倍率を乗ずる方法により支給する金額が算定される方法をいう。

　功績倍率は、一般的に、法人に対する功績や法人の退職給与支払能力など、最終月額報酬及び勤続年数以外の退職給与の額に影響を及ぼす一切の事情を総合評価した係数と考えられることから、功績倍率を用いて算定される役員退職給与は業績連動

給与には該当しないこととされています[24]。

なお、役員退職給与の算定に用いた功績倍率が、利益の状況を示す指標や株式の市場価格の状況を示す指標等を基礎として算定されるものである場合には、業績連動給与に該当することも考えられることから、功績倍率がそのような指標を基礎として算定されているときには注意が必要です。

5　役員給与に関する税制改正の状況

役員給与に関する税制改正としては、平成18年度税制改正が大きな改正といえます。この改正は、会社法制や会計制度の改正が大きく影響しています。すなわち、旧商法においては、役員賞与は「利益処分」であると考えられていましたが、平成14年5月の旧商法改正[25]において、業績連動型の報酬が導入され役員報酬と役員賞与との区分が難しくなりました（旧商法269二）。また、同改正では、委員会等設置会社において一定の要件を満たすと取締役会に利益処分権限が付与されることに伴い、利益処分として取締役又は執行役に金銭の分配をすることはできないこととされました（旧商法特例法21の31①②）。そして、平成18年5月1日から施行された会社法においては、役員賞与も「職務執行の対価として会社から受ける財産上の利益」として整理されました。さらに、平成17年11月29日に公表された「役員賞与に関する会計基準」（企業会計基準第4号）

---

(24)　平成29年6月30日付課法2-17ほか1課共同「法人税基本通達等の一部改正について」（法令解釈通達）の趣旨説明（国税庁）
(25)　商法等の一部を改正する法律（平成14年法律第44号）。

においても、役員賞与は、役員報酬と同様に、発生したときの費用として処理することとされました。

こういった会社法制や会計制度の改正の機会を捉えて、平成18年度税制改正において役員給与の損金算入のあり方が見直されました[26]。

同改正における役員退職給与に関する改正として、「損金経理要件」が撤廃されました。改正前は、役員退職給与については、①損金経理をしなかった金額及び②損金経理をした金額で不相当に高額な部分の金額は、損金の額に算入しないこととされていました（旧法法36）。しかし、役員退職給与も、定期の役員給与などと同様に、役員に対する職務執行の対価としての性質を有するものであり、会社法において利益処分による支給ができないこととされたこと等を踏まえ、①の損金経理要件が撤廃されました[27]。

したがって、現在では、役員退職給与について損金経理要件はないことから、例えば、役員退職給与引当金を計上している場合において、その引当金を取り崩して役員退職給与を支給する会計処理を行ったときでも、損金の額に算入することができます。ただし、役員退職給与の損金算入時期について、株主総会の決議等によりその額が具体的に確定した日の属する事業年度とするのではなく、役員退職給与を支払った日の属する事業年度とする場合は、損金経理要件があるため注意が必要です（法基通9-2-28）。その場合は、平成18年度税制改正前において行われていたように、以下のとおり仕訳することとなりま

(26) 財務省『平成18年度税制改正の解説』323頁。
(27) 財務省『平成18年度税制改正の解説』329頁。

す。

(例) 役員退職給与引当金を 1,000 引き当てていて、それを取り崩して支給した場合

借方	金額	貸方	金額
役員退職給与	1,000	現預金	1,000
役員退職給与引当金	1,000	役員退職給与引当金取崩益	1,000

　その他、役員退職給与に関する税制改正としては、平成29年度税制改正において、業績連動給与に該当する退職給与が、法人税法34条1項の適用を受けることとされました（上記4（3）参照）。この改正は、大企業を中心に、役員退職給与について業績に連動した指標を基礎として支給されるものが出てきており、退職を基因として支給するか否かで、損金算入要件が大きく異なるのは制度として不整合ともいえることから行われたものです[28]。

---

(28) 財務省『平成29年度税制改正の解説』307頁。

第2章

役員退職給与と実務対応

役員退職給与を支給する場合は、その金額の大小の問題が注目されますが、それ以外でも支給に関する手続きや損金算入時期等、気を付けたい項目は多くあります。ここでは、そのように気を付けておきたい項目を中心に解説していきます。

　なお、使用人が役員になった場合に支給する退職給与など、厳密には役員退職給与に該当しないものについても、役員に関する周辺的な取扱いであることから、ここで併せて解説していきます。

1 退職の事実

　役員に対して退職給与を支給するに当たっては、当然のことながら、退職の事実があるのかどうかという点が、非常に重要なことといえます。とりわけ、同族会社においては、不動産の売却益や保険金収入など多額の利益が計上された事業年度に、形式的に退職の事実を作出して無理に役員退職給与を支給するケースが見受けられます。退職給与は、「退職により支給される一切の給与」をいうことから、退職の事実がないと退職給与とはいえません。

　後に説明する分掌変更等などのように、勤務が継続していても実質的に退職したと同様の事情にある場合（法基通9－2－32）には、退職給与として損金の額に算入できますが、そのような場合に当てはまらず、退職の事実がないという場合には、いくら退職給与名目で支給しても退職給与とは認められず損金の額に算入することはできません。

　法人税法においては、役員の範囲を会社法における範囲よりも広く捉えています。すなわち、会社法上の役員でなくても、その会社の経営に従事している一定の者を「みなし役員」として捉えることとなります。そのため、形式的に、取締役などを退任して、登記上も退任登記を行ったとしても、その会社の経営に従事しているということであれば、法人税法上は引き続き役員であるということになります。そうすると、形式的に取締役などを退任した者に役員退職給与を支給したとしても、退職の事実がないとして役員退職給与とは認められないということになります。

経営に従事しているということがどういうことをいうのかは、一般的には、法人の事業運営上の重要事項の意思決定に参画しているかどうかという点がポイントとなりますので、退職後にそのような事項の意思決定に参画せず、会社の経営から離れることが重要といえます。

<国税不服審判所平成24年9月3日裁決（未公表裁決・TAINSコードF0-2-504)>

　使用人も存せず、家族の他に取締役も存しない家族のみで営まれる請求人のような不動産賃貸業においては、テナント入居の可否及び賃貸等契約条件の決定、請求人の実印及び銀行印の管理、融資契約の交渉及び締結、請求人の決算、申告への関与、税務調査への対応という業務は重要な業務ということができるところ、甲は、請求人の取締役を辞任後も、取締役であったときから引き続き、これらの重要な業務を行っていたものと認められる。

　（略）

　そうすると、甲は、取締役辞任後においても、請求人内における地位、職務等からみて実質的にその法人の経営に従事していると認められ、請求人における法人税法上の役員に該当すると認めるのが相当である。

　したがって、甲には請求人を退職した事実はないというべきであるから、この点に関する請求人の主張には理由がない。

　…（略）…、本件支給額は、退職給与に該当しない臨時的な役員給与と認められるから、法人税法第34条第1項各号に規定する定期同額給与、利益連動給与及び事前確定届出給与のいずれにも該当せず、損金の額に算入することはできない。

<国税不服審判所平成21年12月17日裁決（未公表裁決・TAINSコードF0-2-355)>

　（略）役員の退職とは、法人と役員の関係は委任関係にあること

から、役員の死亡、会社の解散、任期の満了等による委任の終了又は辞任、解任等による委任の解除等により役員を退任することをいうものと解され、原則として、役員が現実にその法人から退職した場合に限り、損金算入が認められる。また、退任に当たらなくても分掌変更等により役員としての地位又は職務の内容が激変し、実質的に退職したと同様の事情にあると認められる場合に支給される金員については、退職給与として取り扱うのが相当と認められる…（略）…。

そして、請求人の代表取締役である乙…（略）…の「代表取締役に就任するまで請求人の経営にほとんど関与していなかった」旨及び「請求人の代表者印は自らが金庫に入れて保管・管理していたが甲も使えた」旨の答述からすると、甲が平成19年3月6日付で代表取締役及び取締役辞任の登記がされた以降においても、請求人の金庫内にある代表者印を自由に使用し、請求人の支払い等を行うことができたとみられ、また、甲は、…（略）…、専務取締役に係る死亡保険金の出金を自ら行っており、…（略）…、請求人の重要な意思決定権は変わらず甲にあったと認めるのが相当である。

さらに、…（略）…、代表取締役が交代したことについて請求人の取引先や従業員に周知された事実はなく、また、甲が専務取締役に係る死亡保険金の出金を自ら行ったことについて、Ｚ金融機関の支店長代理…（略）…の「請求人から代表取締役の届出事項変更届の提出がないことから口座開設時の代表取締役である甲が請求人を代表取締役として出金したと認識している」旨の申述を併せ考えると、実質的には、甲は代表取締役辞任登記以後も対外的に代表取締役であったと認められる。

そうすると、甲は、…（略）…代表取締役及び取締役を平成19年3月6日付で辞任した登記がされた後においても、従前と変わらず請求人の経営に従事していたと認めるのが相当であるから、…（略）…、法人税法上、引き続き請求人の役員であったと認められ、また、分掌変更により同人の地位又は職務の内容が激変し

たとも認められないことから、請求人を退職したとは認められない。

株主総会の決議等と損金算入時期等

1 株主総会の決議等と損金算入時期

　役員に対する退職給与については、定款の定め又は株主総会の決議がなければ退職金請求権は発生しません。実務上は、役員退職給与について株主総会の決議で定める場合が一般的です。したがって、役員退職給与を支給するのであれば、まずは株主総会で役員退職給与の支給に関する議案を決議することになります。

　法人税法上は、株主総会の決議等によりその額が具体的に確定した日の属する事業年度に損金の額に算入されることとなります（法基通9-2-28）。ここでいう「株主総会の決議等」とは、株主総会、社員総会その他これに準ずるものの決議又はその委任を受けた取締役会等の決議をいいます。そのため、役員退職給与の支給額に関する決議の仕方として、株主総会で具体的な支給金額等を決議する場合には、その決議の日の属する事業年度の損金となりますが、株主総会では支給基準に基づく支給の決議を行い、具体的な支給金額等を取締役会の決議に委任する場合には、取締役会の決議によって支給額が具体的に確定した日の属する事業年度に損金の額に算入されることとなります。

　ただし、法人がその役員退職給与の額を支払った日の属する事業年度において、その支払った額につき損金経理をした場合には、その支払った日の属する事業年度において損金の額に算入されます（法基通9-2-28ただし書き）。例えば、期中に役員が退職した場合に、株主総会の決議を経る前に、取締役会の

決議により役員退職給与規程等に基づいて役員退職給与を支払う場合があるほか、株主総会の決議により役員退職給与の額は定めたものの、資金繰りの都合等で実際の支払が遅れる場合もあり得ます。そのような場合に、株主総会の決議等によりその額が具体的に確定した日に損金算入させるという原則的な取扱いを貫くことは、必ずしも実態に即した取扱いとはいえません。そこで、法人がその役員退職給与を実際に支払った日において損金算入することを認めているのです。なお、この例外的な取扱いにより損金の額に算入させるには、支払った金額について損金経理する必要がありますので注意が必要です。

2 議事録の作成

株主総会の議事録は、会社法上作成することが義務付けられています（会法318①）。そして、その議事録を株主総会の日から10年間本店に備え置かなければなりません（会法318②）（支店にも株主総会の日から5年間議事録の写しを備え置く必要がありますが、その議事録が電磁的記録をもって作成されている場合で一定の場合はこの限りではありません（会法318③ただし書き））。また、取締役会の議事録も作成することが義務付けられています（会法369③）。そして、取締役会の日から10年間本店に備え置かなければなりません（会法371①）。なお、取締役会の議事録については、取締役会の決議に参加した取締役であって議事録に異議をとどめないものは、その決議に賛成したものと推定するとされ、議事録の記載に法的な効果が生じますが、株主総会の議事録については、そのような法的な

効果は生じず、単なる記録・証拠の意味を有するにとどまります[1]。

　法人税法においても、株主総会や取締役会等の議事録は極めて重要な書類といえます。すなわち、役員退職給与の損金算入時期は、原則として、その支給額が「具体的に確定した日」であることから、その日を証明するための書類として株主総会の議事録を作成し保管しておくことが重要となります。また、株主総会で支給に関する基準（会社の業績、その退任する者の勤続年数、担当業務、功績等から割り出した一定の基準等）を示し、具体的な支給金額、支給期日、支給方法などはその支給基準によって定まるものとして、取締役会等に委任する決議を行う場合には、取締役会等の議事録も作成し保管しておくことが重要です。

　なお、株主総会議事録が作成されていなかったことを理由として、未払計上した役員退職給与の損金算入を認めないとする更正処分等がなされたことにつき審査請求された事案があります[2]。これについて、国税不服審判所は「会社法第318条第1項及び会社法施行規則第72条第2項は、株主総会の議事については、書面又は電磁的記録による議事録を作成しなければならない旨規定しているが、株主総会の議事録の作成の有無については、株主総会の決議の効力には影響しないと解されている。そして、同族会社にあっては、会社法に規定する株主総会の開催が必ずしも明確でない場合が多く、このような場合、株主総

(1) 江頭憲治郎『株式会社法』（第7版・有斐閣）358頁。
(2) 国税不服審判所平成21年11月11日裁決（非公表裁決）（TAINSコード F0-2-253）。

会の決議の有無は、株主総会が実質的に開催されたとみることができるかどうかにより判断すべきであると解される」とし、①株主総会の議事録が作成されていないことをもって株主総会を開催した事実がないと断定することはできないこと、②納税者は平成19年3月30日に開催した臨時株主総会で役員退職給与が確定した旨主張し、その証拠として日記帳を提出したところ、その記載内容は全体として高い信用性が認められ、本件日記帳の平成19年3月30日には、株主全員が集まって本件役員退職給与の支払を最終的に確認した旨が記載されており、その記載も信用性が高いものと見ることができること等から、納税者の主張を認め、本件更正処分の全部を取り消しました。

このように、議事録が作成されていなくても、その他の書類によって、株主総会が実質的に開催されたと証明できればよいということですが、実務上は、無用な争いを避けるために、議事録をきちんと作成しておくことが重要でしょう。

3 会社法と法人税法との差異

会社法では、上記で述べたとおり、定款の定め又は株主総会の決議がなければ退職金請求権は発生しませんが、法人税法では、株主総会の決議を経る前に、取締役会の決議等により役員退職給与規程等に基づいて役員退職給与を支払う場合において、その支払った額について損金経理したときは、その支払った日の属する事業年度に損金の額に算入することができます。このため、会社法における退職金請求権の成立時期と法人税法における損金算入時期とが異なる場合があります。

3 退職年金の損金算入の時期

　退職給与は、一時金又は分割払いで支給する場合のほか、年金形式で支払う場合も考えられます。退職年金として退職給与を支払う場合の損金算入時期は、一時金又は分割払いの場合とは異なり、支給時期の属する事業年度で損金の額に算入されることとなります（法基通9-2-29）。すなわち、支給期到来基準が採用されていることになります。

　退職年金は、通常、その支給期間が長期間にわたることとなるため、役員が退職したときに計算される退職年金の総額は、退職年金の引当て的な性格が強いといえます。法人税法においては、債務確定基準が採用されていることから、引当て的な性格が強いものをそのまま損金の額に算入させることはできません。そのため、一時金又は分割払いとは異なり、支給時期の属する事業年度に損金の額に算入させることとしています。

　これにより、退職年金の場合には、その役員の退職時に年金総額を計算して未払金等に計上したとしても、その未払計上した事業年度では損金の額に算入できないこととなります。なお、この退職年金の取扱いは、有期年金であっても終身年金であっても変わりません。

　なお、分割払いにより退職給与を支給する場合において、その期間が長期間にわたるときは、退職年金の支給であると認定される可能性があります。退職年金について判断した事例ではなく、分掌変更等における役員退職給与の退職所得該当性が争われた事例ではありますが、退職給与を3年以内に支給する旨の取締役会決議をしており、実際に各金員が支払われた事実に

照らしても、その退職給与が年金の形式で定期的、継続的に支給されるものに当たらないのは明らかであるとした事例があります[3]。分割払いによる退職給与であれば、受給者側は退職取得となりますが、退職年金の場合は公的年金等に係る雑所得とされます。

---

(3) 東京地判平成 27 年 2 月 26 日（税資 265 号 − 30《順号 12613》）。

4 役員退職給与の金額

　役員退職給与における実務では、どの程度の支給額であれば課税上問題が出ないかという点が最も難しい問題といえます。第1章で確認したとおり、役員退職給与は、その支給額のうち不相当に高額な部分の金額は損金不算入となります。法人税法及び同法施行令においては、この不相当に高額な部分の金額というのは、以下の事項に照らして判断することとされています（法令70二）。

> ① 法人の業務に従事した期間
> ② 退職の事情
> ③ その内国法人と同種の事業を営む法人でその事業規模が類似するものの役員に対する退職給与の支給の状況　　　等

1 法人の業務に従事した期間

　役員退職給与の額が不相当に高額か否かを判断する際の考慮すべき事項として、1つ目に「当該役員のその内国法人の業務に従事した期間」（勤続年数）が挙げられています。役員退職給与は、職務執行の対価としての報酬の後払い的な性格を有していることから、その金額の計算において業務に従事した期間を考慮することは妥当といえるでしょう[4]。したがって、その退職する役員における業務に従事した期間がどれだけかというのは、重要な要素であるといえます。

---

(4) 静岡地判昭和63年9月30日（税資165号962頁）。

この業務に従事した期間について、会社法上の役員であった期間が含まれるということに疑義が生ずることはないと考えられますが、使用人兼務役員や法人税法上のみなし役員として業務に従事していた期間は含めるのか、また、個人事業主が法人成りした場合に、個人事業主時代の期間を含められるのかどうかといった問題があります。これらの点については、第3章で説明しています。

2　退職の事情

　役員退職給与の額が不相当に高額か否かを判断する際の考慮すべき事項の2つ目に、「退職の事情」が挙げられています。「退職」と一言でいっても、定年退職、死亡退職、引責辞任など様々な事情があります。それぞれの事情によって、役員退職給与の金額にも影響を与え得ることから、「退職の事情」というものが不相当に高額か否かを判断する際の考慮すべき事項に含められていると考えられます。

　例えば、死亡退職において、その死亡が業務上の過労と因果関係があるなどといった特別な事情が認められるのであれば、役員退職給与の金額の増額要因になり得ると考えられます。また、その役員が不正な行為を行っていたことにより、責任をとって役員を辞任する場合には、役員退職給与の金額の減額要因になり得ると考えられます。

3 同業類似法人の支給状況

　役員退職給与の額が不相当に高額か否かを判断する際の考慮すべき事項の3つ目に、「その内国法人と同種の事業を営む法人でその事業規模が類似するものの役員に対する退職給与の支給の状況」、すなわち同業類似法人の支給状況が挙げられています。この同業類似法人の支給状況は納税者が容易に入手できる情報ではありませんが、国税不服審判所や裁判所において、役員退職給与の額の相当性が争われる場合、この同業類似法人の支給状況との比較で判断される場合が大半であるといえます。当然、税務調査の段階においても、同業類似法人の支給状況との比較に重点を置いた指摘が多く行われます。

　同業類似法人の抽出について、過去の裁決例や裁判例をみると、まず、「同種の事業を営む法人」に該当するかどうかは、日本標準産業分類における分類（大分類、中分類、小分類及び細分類）の同一性によっている場合が多いですが、抽出数の問題から、中分類程度の同一性によっていることが多いといえます。また、「事業規模が類似する法人」に該当するかどうかは、売上高や資本金、純資産価額などについて、いわゆる倍半基準（2倍以下0.5倍以上の範囲で抽出する基準）を用いて選定している場合が多いでしょう。その他、経済状況等の地域性を考慮するためにその納税者と同じ地域の事業者を選定したり、退職の事情を考慮するために死亡退職かどうかなどを考慮したりするなどしています。

4 その他の考慮事項

　役員退職給与の額が不相当に高額か否かを判断する際の考慮すべき事項は、法人税法施行令70条2号で上記1から3までが具体的に例示されていますが、同号の規定においては「…退職給与の支給の状況等に照らし」とされています。この「等」は、その法人に関する様々な事情（創業者であることや会社に対する功績など）が考慮されることを意味しているわけですが、そういった事情は、現在の課税実務や裁判例では、上記3の同業類似法人の支給状況に包含されて判断されることが多いといえます。そのため、それらの事情を考慮事項とするためには、相当に特筆すべき事情が必要であると考えられています[5]。

　例えば、裁判例においては、以下のように述べられています[6]。

- -
＜札幌地判平成11年12月10日（税資245号703頁）＞
　当該役員の退職給与の金額の相当性を判断するに際し、当該役員の業務従事期間、退職の事情及び類似法人の退職給与の支給状況を類型的に列挙しており、その規定内容に照らせば、これらを主たる判断要素とすべきことを定めたものと解するのが相当であるところ、もとよりそれら以外の事情を斟酌すべき場合もあり得ようが、課税要件明確主義について説示した点に照らしても、それは付随的事情として考慮する程度にとどまるというべきである。
- -

---

(5) 味村治・品川芳宣『役員報酬の法律と実務』（新訂第2版・商事法務研究会）345頁。

(6) この事例では、控訴及び上告がされていますが、いずれも棄却され札幌地裁の判断が維持されています（札幌高判平成12年9月27日（税資248号850頁）、最決平成15年11月7日（税資253号順号9465）。

<東京地判平成 25 年 3 月 22 日（税資 263 号−51《順号 12175》）>

　当該退職役員及び当該法人に存する個別事情であっても、施行令 72 条（改正後施行令 70 条：筆者挿入）に例示されている業務に従事した期間及び退職の事情以外の種々の事情については、原則として、同業類似法人の役員に対する退職給与の支給の状況として把握されるべきものであり、同業類似法人の抽出が合理的に行われる限り、役員退職給与の適正額を算定するに当たり、これを別途考慮して功労加算する必要はないというべきであって、同業類似法人の抽出が合理的に行われてもなお、同業類似法人の役員に対する退職給与の支給の状況として把握されたとはいい難いほどの極めて特殊な事情があると認められる場合に限り、これを別途考慮すれば足りるというべきである。

　なお、退任した役員が、役員退職給与の支給を受けるほか、既往における使用人兼務役員としての勤務に応ずる厚生年金金等からの給付を受ける場合には、その給付を受ける金額をも勘案して、役員退職給与の相当性を判断することとされています（法基通 9−2−31）。

5 役員退職給与に関する規程類

　実務上、役員退職給与の金額を算定する際、「当社には役員退職給与に関する規程類があるから、それに基づいて支給していれば問題ない」と理解している場合を見かけますが、これは必ずしも正しいとはいえません。恣意性を排除するために、規程類を定めるのは当然良いことですが、その規程類の内容が妥当なものとなっていなければ意味がありません。

　したがって、規程類の内容が妥当か、過去の支給は規程類に基づいて適正に行われているか、役員退職給与を支給する直前に規程類の改訂などがされていないかなどといった点に注意する必要があるでしょう。

　裁判例においても、役員退職給与に関する規程類があるからといって、役員退職給与の相当性が認められるわけではないとされています。

＜東京地判平成 29 年 10 月 13 日（税資 267 号－127（13076 順号））＞

　原告は、あらかじめ就業規則等に定められた規定により算定された役員退職給与は、法人税法 34 条 2 項所定の「不相当に高額な部分の金額」を含まない旨を主張する。しかしながら、…（略）…同項の趣旨からすると、就業規則等の規定により役員退職給与が算定されたとしても、当該規定の内容自体やその適用の過程で考慮された事情が一般に相当と認められるとは限らず、一般に相当と認められる金額を超える部分の金額については法人所得の金額の計算上損金算入を認めないこととし、実態に即した適正な課税を行うことが相当であるから、原告の上記主張は採用できない。

---

6 弔慰金等の取扱い

　役員が死亡した場合において、法人がその役員の遺族に対して、弔慰金、花輪代、葬祭料等（以下「弔慰金等」といいます）を支給する場合があります。その弔慰金等が、役員退職給与と区別して支給され、社会通念上相当と認められるものであるときは、法人税法上損金の額に算入されます。一方、社会通念上相当な額を超える部分の金額は、法人税法上、役員退職給与に該当することとなり、役員退職給与名目で支給した金額に、その弔慰金等として不相当な部分の金額を加算した上で、役員退職給与として相当か否かを判断することとなります。

　社会通念上、弔慰金等として相当と認められる金額が、どの程度の金額なのかという点について、法人税法上の明確な規定はありません。この点について、多くの裁判例においては、相続税法基本通達3−20（弔慰金等の取扱い）の取扱いに準じて判断しています[7]。また、労働基準法79条の遺族補償（平均賃金の1,000日分の補償）に照らしている判断していることもあります[8]。実務上は、相続税法基本通達3−20の取扱いに準じて支給している場合が多いと考えられ、その範囲内であれば、一般的に法人税法上も損金の額に算入され課税問題は生じないと考えられます。

> **＜仙台高判平成10年4月7日（税資231号470頁）＞**
> 　弔慰金については、労働基準法上、業務上死亡した労働者の遺

---

(7) 高松地判平成5年6月29日（税資195号709頁）、大分地判平成20年12月1日（税資258号−238《順号11096》）ほか。

(8) 長野地判昭和62年4月16日（税資158−104頁）ほか。

族に対しては平均賃金の1000日分の遺族補償をしなければならないとされていること（同法79条）、相続税法3条1項2号により相続により取得したものとみなされる退職手当金等の給与には、弔慰金等は、被相続人が業務上死亡したときは普通給与の3年分に相当する金額は相続財産に含めないが、これを超える金額は退職手当等に含まれるものとして運用されている（相基通3-20）ことからすると、右の程度の金額については弔慰金として相当な額であるとの社会通念が存在し、これを前提にこれらの規定、通達が置かれていると解されるので、本件においても、最終報酬月額の3年分に相当する1,800万円が弔慰金として相当な金額であると認められる。

　相続税法基本通達3-20においては、被相続人に支給されるべきであった退職手当金、功労金その他これらに準ずる給与（以下「退職手当金等」といいます）に実質上該当するものを除き、以下の金額を「弔慰金等」に相当する金額として取り扱い、相続税の課税対象としないこととしています。そして、その金額を超える部分の金額があるときは、その超える部分の金額は「退職手当金等」に該当するものとして取り扱い、みなし相続財産とされます（相法3①二）[9]。

（1）被相続人の死亡が業務上の死亡であるときは、その雇用主等から受ける弔慰金等のうち、当該被相続人の死亡当時における賞与以外の普通給与（俸給、給料、賃金、扶養手当、勤務地手当、特殊勤務地手当等の合計額をいう。以下同じ）の3

---

[9]　被相続人の死亡後3年以内に支給が確定した退職手当金等は、みなし相続財産として相続税の課税対象となり、所得税は非課税とされます（相法3①二、所法9①十六、所基通9-17）。一方、死亡後3年を経過した後に支給が確定した退職手当金等は、その支払を受ける遺族の一時所得として所得税の課税対象となります（所法34、所基通34-2）。

年分（遺族の受ける弔慰金等の合計額のうち3−23《退職手当金等に該当しないもの》に掲げるものからなる部分の金額が3年分を超えるときはその金額）に相当する金額

（2）被相続人の死亡が業務上の死亡でないときは、その雇用主等から受ける弔慰金等のうち、当該被相続人の死亡当時における賞与以外の普通給与の半年分（遺族の受ける弔慰金等の合計額のうち3−23《退職手当金等に該当しないもの》に掲げるものからなる部分の金額が半年分を超えるときはその金額）に相当する金額

相続税法基本通達3−20における「業務」とは、その被相続人に遂行すべきものとして割り当てられた仕事をいい、「業務上の死亡」とは、直接業務に起因する死亡又は業務と相当因果関係があると認められる死亡をいうものとして取り扱うこととされています（相基通3−22）。

また、被相続人の死亡により相続人その他の者が受ける金品が「退職手当金等」に該当するか、すなわち、実質上退職手当金等に該当するか否かは、その名義のいかんにかかわらず判定され、具体的には、以下の基準で行います（相基通3−18、3−19）。

①　その金品が退職給与規程その他これに準ずるものの定めに基づいて受ける場合においてはこれによる。

②　その他の場合においては、その被相続人の地位、功労等を考慮し、その被相続人の雇用主等が営む事業と類似する事業におけるその被相続人と同様な地位にある者が受け、又は受けると認められる額等を勘案して判定するものとする。

7 現物支給による役員退職給与

　役員退職給与を支給する場合において、金銭での支給に代えて、現物で支給する場合があります。このような場合、その現物を時価により評価した金額が役員退職給与として認識されます。例えば、土地・建物を現物支給した場合には、その土地・建物を時価により評価した金額が役員退職給与として認識されます。また、その土地・建物のキャピタル・ゲイン相当額が処分益として計上されます（法法22②）。

（例）帳簿価額1,000万円（時価2,000万円）の土地・建物を役員退職給与として支給した場合（源泉徴収等の処理は省略）

借方	金額	貸方	金額
役員退職給与	2,000万円	土地・建物	1,000万円
		処　分　益	1,000万円

　なお、平成18年度税制改正前は、役員退職給与について損金経理要件があったことから、例えば、上記例で役員退職給与の金額を帳簿価額の1,000万円で処理していた場合には、時価との差額1,000万円部分は損金経理していないことになり損金不算入となっていましたが、平成18年度税制改正において損金経理要件が廃止されたことから、不相当に高額でない限り、損金の額に算入されることとなります。

　その他、現物で役員退職給与を支給した場合の注意点として、源泉徴収と消費税とがあります。

　まず、源泉徴収ですが、現物で役員退職給与を支給したとしても、源泉所得税（復興特別所得税含む）及び住民税について源泉徴収（特別徴収含む）する必要があることから注意が必要

です。現物のみの支給の場合には、徴収すべき税額相当額を退任役員本人から法人に対して支払ってもらう必要があり、法人はそれを国及び地方公共団体へ納付することとなります。

　次に、消費税ですが、役員退職給与の現物支給について、消費税法上の代物弁済に該当する場合があります。消費税法上資産の譲渡等には、「代物弁済による資産の譲渡」を含むこととされています（消法2①八）。ここでいう代物弁済とは、債務者が債権者の承諾を得て、約定されていた弁済の手段に代えて他の給付をもって弁済する場合の資産の譲渡をいうことから、例えば、いわゆる現物給与とされる現物による給付であっても、その現物の給付が給与の支払に代えて行われるものではなく、単に現物を給付することとする場合の現物給付は、代物弁済に該当しません（消基通5-1-4）。そのため、役員退職給与を決議する株主総会において、役員退職給与の支給を現物で行う旨及びその具体的な内容を決議した場合には、単に役員退職給与を現物で給付することから代物弁済には該当せず、消費税の課税対象にはならないと考えられます。一方、株主総会において役員退職給与を金銭で支給する旨の決議が行われた後に、その支払を現物の給付をもって行うという場合には「代物弁済」に該当することとなり、消費税の課税対象になると考えられます。

8 使用人兼務役員に支給した退職給与

　使用人兼務役員に対する給与は、第1章で確認したとおり、基本的には、法人税法34条の役員給与の損金不算入規定の対象となります。そのため、使用人兼務役員が退職した場合において、その者に退職給与を支給するときには、不相当に高額な部分の損金不算入規定に抵触しないようにしなければなりません。

　その際、注意しなければならないのは、不相当に高額か否かの判断は、役員としての退職給与分と使用人としての退職給与分とを合計した金額で行われるということです（法基通9－2－30）。使用人兼務役員も役員であることに変わりはないことから、退職給与の計算を役員分と使用人分とで区分して計算していたとしても、その全額が役員分（役員退職給与）であるとして、相当性の判断が行われることになります。

9 役員が使用人兼務役員に該当しなくなった場合

　使用人兼務役員であった者が、専務や常務といった使用人兼務役員とされない役員になった場合において、その使用人兼務役員であった期間に係る退職給与の支給があるときは、その退職給与が使用人としての職務に対するものとして計算されているときであっても、その役員に対する退職給与以外の給与とされ、原則として、損金の額に算入されません（法基通9-2-37本文）。使用人兼務役員であっても、役員であることに変わりはなく、常務や専務といった取締役等になったからといって、特にその使用人としての地位を退職したようなものではありません。役員でありながら、単に役員としての地位に変動があっただけであることから、退職の事実が存在しないといえます。

　ただし、以下の全てに該当するときは、特段課税上の弊害がないと考えられることから、その支給した退職給与は使用人としての退職給与として取り扱われます（法基通9-2-37ただし書き）。

> ①　その給与の支給の対象となった者が既往に使用人から使用人兼務役員に昇格した者（その使用人であった期間が相当の期間であるものに限る。）であり、かつ、その者に対しその昇格をした時にその使用人であった期間に係る退職給与の支給をしていないこと
> ②　当該給与の額が、使用人としての退職給与規程に基づき、その使用人であった期間及び使用人兼務役員であった期間を通算してその使用人としての職務に対する退職給与として計算されており、かつ、当該退職給与として相当であると認められる金額であること

第2章　役員退職給与と実務対応

10 使用人に対する退職給与の打切支給

　使用人に対する退職給与は、役員と特殊の関係のある使用人に対するもの（下記⑬参照）に該当する場合を除き、その全額が損金の額に算入されますが、当然、使用人に対する退職給与というためには「退職の事実」に基づいて支払われたものでなければなりません。

　一方で、法人が退職金制度の移行や定年の延長等に伴って、退職給与規程を制定又は改正する場合に、使用人に対して退職給与を打切支給することがあります。このような場合、原則論で考えると、使用人としての退職の事実はないことから、退職給与とは認められないこととなりますが、受給する使用人側において、このような打切支給を退職所得としないで課税するのは非常に酷であることや、その打切支給が労使双方の合意によるものであること等から、一定の要件に該当する打切支給については、使用人に対する退職給与として損金の額に算入することとされています（法基通9−2−35）。具体的には、法人が、中小企業退職金共済制度又は確定拠出年金制度への移行、定年の延長等に伴い退職給与規程を制定又は改正し、使用人（定年延長の場合は、旧定年に到達した使用人）に対して退職給与を打切支給した場合において、その支給をしたことにつき相当の理由があり、かつ、その後の既往の在職年数を加味しないこととしているときは、その支給した退職給与の額は、その支給した日の属する事業年度の損金の額に算入されます。

　なお、この取扱いを適用する場合には、実際に退職給与の支給が行われていることが必要であり、打切支給したこととして

未払金等に計上した場合には適用はありません。ただし、資金繰りの都合等でやむを得ず短期間支給が遅れるといった個別の事情がある場合は、損金算入が認められると考えられます。

使用人が役員になった場合

1 役員昇格時に支給する場合

　使用人が役員に昇格した場合に、使用人であった期間に係る退職給与を支給するときがあります。法人とその法人に勤務する者との法律上の関係は、使用人の場合は雇用契約、役員の場合は委任契約とされることから、使用人が役員に昇格する場合は、既存の雇用契約を解除し、新たに委任契約を締結するということになります。つまり、その法人に引き続き勤務しているとしても、使用人としての立場は退職していることから、その使用人であった期間に係る退職給与を支給した場合には、その退職給与を支給した日の属する事業年度の損金の額に算入されます（法基通9−2−36）。

　ただし、これには一定の要件を満たす必要があります。その一定の要件とは、使用人であった期間に係る退職給与について、「その法人が定める退職給与規程」に基づいて計算されている必要があるということです。役員に対する給与については、その恣意性が介入する余地があることから、一定の制限（法法34）が設けられているところですが、新たに役員になった者に対する給付についても、恣意性が介入する余地があることから、それを排除するために、このような要件が付されています。

　なお、この損金算入の取扱いは、実際に支給が行われている必要があり、未払金計上しても適用はありません（法基通9−2−36（注））。ただし、資金繰りの都合等でやむを得ず短期間支

給が遅れるといった個別の事情がある場合は、損金算入が認められると考えられます。また、この取扱いにより損金の額に算入される退職給与について、その受給者においては、使用人から役員になった日の属する年分の退職所得として取り扱われます（所基通36－10(4)ロ）。

2　退職給与規程の制定等に伴い支給する場合

役員昇格時点では退職給与を支給せず、その後役員を退任した時点で使用人であった期間を含めて退職給与を支給するということでも差し支えないこととされています[10]。このように役員就任時点では退職給与を支給しない場合もありますが、そのような法人が、退職給与規程を制定又は改正して、使用人から役員になった者に対して退職給与を支給することとした場合において、その制定又は改正の時に既に使用人から役員になっている者全員に対し、それぞれの使用人であった期間に係る退職給与として計算される金額をその制定又は改正の時に支給し、損金の額に算入したときは、その支給が次のいずれにも該当するものについては、損金算入が認められます（法基通9－2－38）。

> ①　既往において、これらの者に対し使用人であった期間に係る退職給与の支給（退職給与の打切支給《9－2－35》に該当するものを除く）をしたことがないこと
> ②　支給した退職給与の額が、その役員が役員となった直前に受

---

[10]　佐藤友一郎編著『法人税基本通達逐条解説（九訂版）』（税務研究会出版局）869頁。

けていた給与の額を基礎とし、その後のベースアップの状況等を参酌して計算されるその退職給与の額として相当な額であること

①は、2回以上の打切支給を認めない趣旨であると考えられますが、上記⑩で説明した「使用人に対する退職給与の打切支給」は除かれていますので、それとの二重での打切支給は認められることとなります。

②は、退職給与の額が、役員昇格直前に受けていた使用人としての給与の額を基礎として計算される退職給与の額として相当な額であることとされています。ただし、当時の使用人としての給与の額をそのまま使用するのではなく、その後のベースアップの状況等を参酌し、現時点のベースに引き直して役員昇格時の使用人としての相当な給与の額で計算することとされています。

なお、この取扱いにより損金の額に算入される退職給与について、その受給者においては、その退職給与規程の制定又は改正の日の属する年分の退職所得として取り扱われます（所基通36-10(4)ロただし書）。

3　役員退任時に支給する場合

上記2の取扱いは、役員昇格時点で退職給与を支給しなかった場合において、退職給与規程を制定又は改正したときに使用人であった期間に係る退職給与を支払ったときの取扱いですが、そういった事情がなく、役員昇格時点で退職給与を支給し

ないまま、役員を退任した時点で初めて使用人であった期間を含めて退職給与を支給した場合の取扱いについては、法令及び通達において明らかではありません。

　この点については、まず、その支給額の全額が役員退職給与とされるのかどうかですが、あくまでも役員を退任したという事実に基づいて支給されるものであることから、その全額が役員退職給与として取り扱われるものと考えられます。これは、使用人兼務役員に支給した退職給与の取扱い（上記8）に鑑みても、そのように考えるのが妥当であると考えられ、支給額の全額をもって、役員退職給与の相当性の判断が行われると考えられます。

　次に、その場合の役員退職給与の相当性の判断はどのように行われるのかという点です。第3章で、役員退職給与の相当性の判断について詳しく解説しますが、通常は「（平均）功績倍率法」という方法を用いて行われることが多く、具体的には、以下の算式で計算した金額が役員退職給与の相当額とされます。

> **役員退職給与の相当額＝最終月額報酬×勤続年数×功績倍率**

　例えば、上記算式の「勤続年数」はその法人の役員として勤務した期間と考えられていますが、使用人であった期間を含めて役員退職給与を支給する場合において、「役員の最終月額報酬×（使用人勤務期間＋役員勤務期間）×功績倍率」といった算式で計算したときは、役員として勤務した期間のみで計算した場合よりも、当然支給額が大きくなります。そうすると、その大きくなった部分は不相当に高額であると認定されるのではないかという疑問などが生じます。

これについて、国税不服審判所の昭和59年12月25日裁決（裁決事例集 No28 – 225 頁）における課税庁の主張が参考になると思われます。この事案は、納税者が使用人から役員になった者に対する退職給与について、その者の入社当初からの功績を評価して、使用人としての勤務期間と役員としての勤務期間を区別せずに役員退職給与を 3,000 万円支給したところ、課税庁は 3,000 万円のうち 900 万円は不相当に高額な部分であるとして更正処分等をしたことから、その取消しを求めた事案です。

課税庁は、従業員名簿への記載状況や納税者がその使用人に対する賞与を役員賞与として処理し始めた時期などから、その者の全勤務期間を役員としての勤務期間とすることはできないとして、以下のように主張しました。

A 専務の役員在任期間を基礎としてその期間分の退職給与の額と使用人としての期間分の退職給与の額とを計算し、この合計額をもつて同人に対する退職給与の相当な額を計算する。

a　役員の退職給与の計算

退職時の報酬月額 300,000 円に役員在任期間の 22 年につき 1 年を 1 として 22 を乗じ、これに功績倍率を 3 倍として 3 を乗じた額を適正な退職給与とし 19,800,000 円とした。

b　従業員分の退職給与の計算

昭和 36 年当時の月額給与 84,300 円に使用人としての在職期間の 14 年につき 1 年を 1 とし 14 を乗じた額を適正な退職給与とし 1,200,000 円とした。

c　退職給与適正額は、a の 19,800,000 円と b の 1,200,000 円との合計額 21,000,000 円となる。

このように、課税庁は、役員としての勤務期間に係る退職給

与の額と使用人としての勤務期間に係る退職給与の額とを区別して計算し、その合計額が役員退職給与の相当額であると主張しました。最終的に、国税不服審判所は、この課税庁の主張を退け、同人の法人就職以来の全期間の功績を評価して退職給与の額を計算したとしても不合理ではないとして課税処分を取り消しましたが、同人が入社後まもなく実質的な社長代理として社長を補佐する立場にあったことや法人への多大な貢献があったことなど、この事例特有の個別事情が認められている面が強く、この審判所の裁決を一般的な事例に当てはめるのは難しいのではないかと考えます。

　また、上記1及び2の場合に、一定の要件の下、使用人であった期間に係る退職給与の損金算入を認めていることに鑑みると、少なくとも課税庁が主張するように、役員退職給与と使用人退職給与とを区別して計算し、それぞれの合計額が役員退職給与の相当額であると考えるべきではないかと思われます。なお、実務上においては、計算の恣意性が排除されていることを明確にするために、例えば、使用人から役員になった場合には、使用人であった期間に係る退職給与は役員退任時まで支給しない旨及び使用人であった期間に係る退職給与は使用人に係る退職給与規程に従って計算する旨などを明確にしておくことが重要であると考えます。

会社内部の任意の制度である執行役員制度は、第1章で確認したとおり、その制度設計によって、法人税法上の役員に該当するかどうかが異なります。そのため、執行役員に対する退職給与は、それぞれの実態によって、取扱いが異なることとなります。

　例えば、執行役員を退任し、完全に法人を退職した場合の退職給与について、その執行役員が法人税法上の役員に該当しない場合には、使用人に対する退職給与と同様の取扱いになり、損金の額に算入されることとなります。

　また、取締役を退任して執行役員に就任する場合において、取締役の在職期間に対応する退職給与を打切支給することがあると考えられます。このような場合、執行役員就任後も法人の経営に従事して法人税法上のみなし役員に該当する場合には、役員を退任したという事実はないと考えられることから、役員退職給与以外の給与として取り扱われると考えられます。そして、定期同額給与、事前確定届出給与及び業績連動給与で一定の要件を満たすものに該当しないことから、損金不算入とされます。

　一方、執行役員就任後、法人税法上のみなし役員に該当せず、取締役であった期間に係る退職給与を株主総会で決議し、その後においてもその取締役であった期間を退職給与の計算で通算しないこととしている場合など、実質的にみて退職したものと認められる場合には、不相当に高額でない限り、役員退職給与として損金の額に算入されると考えられます。なお、国税

庁が公表している「所得税基本通達30-2の2《使用人から執行役員への就任に伴い退職手当等として支給される一時金》の取扱いについて（情報）」（以下「所基通30-2の2情報」といいます）[11]（問2）においては、取締役から執行役員になった場合又は執行役員から取締役になった場合における打切支給の所得区分について、原則は退職所得として取り扱われるものの、執行役員と取締役との間の就任・退任を繰り返すような場合において、勤務関係の性質、内容、労働条件等において重大な変動があると認められない場合にあっては、たとえ打切支給するものであっても、退職所得ではなく給与所得（賞与）として取り扱うこととなるとしています。このような場合は、形式的にも実質的にも勤務関係の継続が認められることから、退職の事実はないという考え方がされているものと思われますが、この考え方は法人税法においても妥当すると考えられることから、このような場合には、法人税法上も退職給与には該当しないものと考えられます。

　その他、使用人から執行役員に就任する場合において、使用人の在職期間に対応する退職給与を打切支給することもあると考えられます。このような場合において、執行役員が法人税法上の役員に該当するときには、「使用人が役員になった場合」（上記⑪参照。法基通9-2-36）の取扱いが適用され、一定の要件の下、その退職給与を支給した日の属する事業年度の損金の額に算入されると考えられます。

　ところで、所得税基本通達30-2の2においては、使用人か

---

(11) 法人課税課情報（源泉所得税関係）第2号（平成19年12月5日・国税庁法人課税課）

ら執行役員への就任に伴い退職手当等として支給される一時金について、以下のとおり規定します。

　使用人（職制上使用人としての地位のみを有する者に限る。）からいわゆる執行役員に就任した者に対しその就任前の勤続期間に係る退職手当等として一時に支払われる給与（当該給与が支払われた後に支払われる退職手当等の計算上当該給与の計算の基礎となった勤続期間を一切加味しない条件の下に支払われるものに限る。）のうち、例えば、次のいずれにも該当する執行役員制度の下で支払われるものは、退職手当等に該当する。

　①　執行役員との契約は、委任契約又はこれに類するもの（雇用契約又はこれに類するものは含まない。）であり、かつ、執行役員退任後の使用人としての再雇用が保障されているものではないこと

　②　執行役員に対する報酬、福利厚生、服務規律等は役員に準じたものであり、執行役員は、その任務に反する行為又は執行役員に関する規程に反する行為により使用者に生じた損害について賠償する責任を負うこと

（注）　上記例示以外の執行役員制度の下で支払われるものであっても、個々の事例の内容から判断して、使用人から執行役員への就任につき、勤務関係の性質、内容、労働条件等において重大な変動があって、形式的には継続している勤務関係が実質的には単なる従前の勤務関係の延長とはみられないなどの特別の事実関係があると認められる場合には、退職手当等に該当することに留意する。

　そして、国税庁が公表している所基通30－2の2情報（問7）では、上記要件を満たす執行役員制度の下での執行役員が、直ちにみなし役員に該当するとは限らない旨示されています。つまり、使用人から別の使用人への地位の変更であっても、上記の要件を満たすものは退職所得であるとしているところ、この考え方は、法人税法においても妥当するものと考えられることから、執行役員が法人税法上の役員に該当しなかったとして

も、上記の要件を満たす打切支給であれば、法人税法上も退職給与（使用人に対する退職給与）に該当するものと考えられます。

13 特殊関係使用人に対する退職給与

　使用人に対する給与は、金額の大小にかかわらず、その全額が損金の額に算入されます。同族会社においては、代表者の家族が使用人として就業していることが多くありますが、そのような場合に使用人だからといって、その家族に多額の給与を支給しようとすると税務上の問題が生じます。

　法人税法においては、役員と特殊の関係のある使用人（以下「特殊関係使用人」といいます）に対する給与についても、役員給与と同様に、損金算入を一定程度制限しています。具体的には、特殊関係使用人に対して支給する給与（債務の免除による利益その他の経済的な利益を含む）の額のうち不相当に高額な部分の金額は損金の額に算入されません（法法36）。

　ここでいう「特殊の関係のある使用人」とは、以下の者をいいます（法令72）。

①　役員の親族
②　役員と事実上婚姻関係と同様の関係にある者
③　①及び②に掲げる者以外の者で役員から生計の支援を受けているもの
④　②及び③に掲げる者と生計を一にするこれらの者の親族

　上記③の「役員から生計の支援を受けているもの」とは、その役員から給付を受ける金銭その他の財産又は給付を受けた金銭その他の財産の運用によって生ずる収入を生活費に充てている者をいいます（法基通9－2－40）。また、上記④の生計を一にすることとは、有無相助けて日常生活の資を共通にしている

ことをいい、必ずしも同居していることを必要としないとされ
ています（法基通9-2-41、1-3-4）。

　特殊関係使用人に対する給与には、退職給与も含まれること
から、特殊関係使用人に対する退職給与のうち不相当に高額な
部分の金額は損金の額に算入されないこととなります。この場
合の不相当に高額な部分の金額は、役員退職給与の場合と同様
に、以下の事項に照らして判断していくこととなります（法令
72の2）。

①　法人の業務に従事した期間
②　退職の事情
③　その内国法人と同種の事業を営む法人でその事業規模が類似
　するものの使用人に対する退職給与の支給の状況　　等

　このように、特殊関係使用人に対する給与についても一定の
制限がかかっていることから、例えば、代表者とその家族であ
る特殊関係使用人とが同時期に退職する場合において、役員退
職給与が不相当に高額であるといわれるのを避けるために、役
員退職給与を低額に抑えつつ、特殊関係使用人に対する退職給
与を高額にしたとしても、その特殊関係使用人に対する退職給
与は不相当に高額であると判断されることとなり、その全部又
は一部が損金不算入とされます。

1 退職給与の損金算入

　個人事業主が、法人を設立してその法人に事業を引き継がせることを「法人成り」といいます。法人成りした場合、個人事業主時代に雇用していた使用人については、引き続きその法人に勤務してもらうことが多いと考えられます。そして、そのように継続して勤務している使用人に対しては、個人事業廃業時点では退職給与を支給せず、その法人を退職する際に、個人事業主時代の勤務期間も含めて退職給与を支給することが多くあります。

　法人成りによって事業を引き継がせた場合でも、個人と法人とは別人格であり、それぞれ独立した存在です。そのため、法人が個人事業主時代の勤務期間も含めて退職給与を支給する場合、原則として、個人事業主時代の勤務期間に対応する退職給与は、個人事業主の最終年分の所得計算上の必要経費とされ、法人の所得金額の計算上損金の額に算入することはできません。

　しかしながら、その支給した退職給与について、個人負担と法人負担分とに区分して取扱うことは、①その負担区分の適正額が明らかでないこと、②個人事業における所得を減額修正しなければならないことなど事実上困難であることを考慮して、法人設立後すぐに退職して個人負担分が明らかである場合を除いて、その退職給与の全額を法人の損金の額に算入することとしています（法基通9－2－39）⁽¹²⁾。すなわち、個人事業を引き継いで設立された法人が個人事業当時から引き続き在職する使

用人の退職により退職給与を支給した場合において、その退職が設立後相当期間経過後に行われたものであるときは、その支給した退職給与の額を損金の額に算入することとされています。ここでいう「設立後相当期間経過後」とは、課税上弊害のない限り、一般的には個人所得税の最終年分の減額更正との関連において理解しても差し支えないとされています[13]。そのため、一般的には、個人所得税の減額更正が行える期間である5年（国通法70①一）経過後と考えてよいでしょう。

　なお、個人事業主自体は、「使用人」ではないことから、上記の取扱いの適用はありません。また、青色事業専従者についても、青色事業専従者に対する退職給与は個人事業主の所得計算上必要経費に算入されないことから、上記の取扱いの適用はありません（第3章①5（3）勤続年数参照）。

　その他、法人が個人事業主時代の勤務期間も含めて退職給与を支給した場合において、個人事業主の負担すべきものとしてその法人の所得の金額の計算上損金に算入されなかった金額があるときは、その金額については、その個人事業主が支出した退職給与として所得税法第63条（事業を廃止した場合の必要経費の特例）の規定を適用することとなります（所基通63-1）。したがって、その個人事業主の事業を廃止した日の属する年分（同日の属する年においてこれらの所得に係る総収入金額がなかった場合には、その総収入金額があつた最近の年分）又はその前年分の不動産所得の金額、事業所得の金額又は山林所

---

(12) 山上一夫『新訂逐条例解法人税基本通達』（中央経済社）509頁以下。

(13) 佐藤友一郎編著『法人税基本通達逐条解説（九訂版）』（税務研究会出版局）871頁。

得の金額の計算上、必要経費に算入することとなります。

2　退職所得控除額の計算

　上記1のように、法人成りにより設立された法人に継続して勤務している使用人に対して、個人事業廃業時点では退職給与を支給せず、その法人を退職する際に、個人事業主時代の勤務期間も含めて退職給与が支給された場合、その支給を受ける使用人側において、退職所得控除額をどのように計算するか疑義の生ずるところです。

　この点について、国税庁の質疑応答事例[14]においては、退職給与規程等に個人事業主時代からの期間を含めた勤続期間を基礎として退職給与を計算する旨が定められており、それに従って計算した退職給与を支払うのであれば、原則として、個人事業主時代の勤続期間を含めて勤続年数を計算することができることとされています。なお、青色事業専従者であった者の場合は、あくまでも法人設立の日から退職するまでの期間が勤続年数となり、個人事業主時代の勤続期間を通算することはできません。

　また、退職給与規程等により、退職給与の支払額の計算の基礎とする期間が、法人成りしてからの期間によるものとされている場合にも、個人事業主時代の勤続期間との通算は認められません。

---

(14) 国税庁質疑応答事例「個人事業当時の期間を通算して退職給与を支給する場合の勤続年数」

15 被合併法人の役員に対する 退職給与の損金算入等

　法人が事業年度の中途で合併により解散した場合には、被合併法人の事業年度開始の日から合併の日の前日までの期間がみなし事業年度（以下「最後事業年度」といいます）となります（法法14①二）。ここでいう「合併の日」とは、合併の効力の生ずる日（効力発生日。新設合併の場合は、新設合併設立法人の設立登記の日）をいいます（法基通1-2-4）。

　例えば、吸収合併により消滅する株式会社は、原則として、効力発生日の前日までに、株主総会の決議によって、吸収合併契約の承認を受けなければなりません（会法783①）。そして、吸収合併により消滅する株式会社の役員で合併により退任する者などに係る退職給与については、その合併契約の承認を受ける株主総会で支給決議をするのが一般的です。

　このように、合併により退任する役員などに係る退職給与は、最後事業年度の末日までに株主総会等で支給決議が行われれば、債務が確定することから、その被合併法人の最後事業年度の損金の額に算入（不相当に高額な部分等を除く）されます。一方、最後事業年度の末日までに株主総会等の決議が行われない場合、債務が確定していないことから損金の額に算入できないのではないかという疑義が生じます。

　この点については、合併に際し退職したその合併に係る被合併法人の役員に支給する退職給与の額が、合併契約の承認の株主総会等において確定されない場合でも、被合併法人が退職給与として支給すべき金額を合理的に計算し、最後事業年度において未払金として損金経理したときに、これを認めることとさ

れています（法基通9-2-33）。また、この取扱いは、被合併法人の役員であると同時に合併法人の役員を兼ねている者又は被合併法人の役員から合併法人の役員となった者に対し、合併により支給する退職給与にも準用されます（法基通9-2-34）。

16 分掌変更等があった場合

　専務取締役が代表取締役になった場合など、いわゆる役員の分掌変更が行われた場合には、原則としては、その法人を退職したとは取り扱われません。また、役員の改選による再任等があった場合も、原則として、その改選の時期に退職があったものとは取り扱われません。このように、役員の分掌変更や改選による再任等（以下「分掌変更等」といいます）があった場合には、退職の事実がないことから、役員退職給与として役員に対して支給したとしても、原則として、役員退職給与以外の給与として取り扱われ、損金の額に算入されないということになります。

　しかしながら、その支給が、一定の事実があったことによるものであるなど、役員としての地位又は職務の内容が激変し、実質的に退職したと同様の事情にあると認められることによるものである場合には、これを役員退職給与として取り扱うことができることとされています（法基通9-2-32）。

　この分掌変更等の取扱いの詳細については、第4章で解説しますが、本章１でもみたとおり、役員退職給与は「退職により支給される一切の給与」をいうのであり、退職の事実がなければ役員退職給与として取り扱われないことから、分掌変更等において上記の取扱いの適用を受けるためには、実質的に退職したと同様の事情にあると認められるものかどうかが重要であるということになります。

第3章

役員退職給与の相当性の判断

法人が役員退職給与を支給する場合の計算方法は、いくつか考えられますが、一般的には、その役員が退任したときの最終月額報酬と勤続年数の積に一定の数値を乗じて計算することが多いと考えられます。

> 役員退職給与の額＝最終月額報酬×勤続年数×一定の数値

　また、役位別の最終月額報酬と役位別の勤続年数の積に役位別の一定の数値を乗じて計算した額を合計した金額とすることなども考えられます[1]。

　第1章及び第2章で確認したとおり、法人税法においては、役員退職給与のうち相当であると認められる金額のみが損金の額に算入され、不相当に高額な部分の金額は損金の額に算入されません。

　では、その相当か否かの判断はどのように行うのかということですが、役員退職給与の相当性の判断基準は、いわゆる「功績倍率法」を用いて行われることが圧倒的に多いといえます。具体的には、以下の算式で計算した金額が役員退職給与の相当額（適正額）とされ、その金額を超えた金額が不相当に高額な部分の金額として損金不算入になります。

> 役員退職給与の相当額＝最終月額報酬×勤続年数×功績倍率

　このような判断基準で相当性を判断しているのには、いくつ

---

(1)　総務省人事・恩給局が平成25年12月に株式会社矢野経済研究所に委託して実施した「民間企業における役員退職慰労金制度の実態に関する調査」（平成25年度総務省人事・恩給局委託調査報告書）においては、役員退職給与の計算のベースとなるものについて「退任時報酬月額」と回答した企業が36.7％（500社）と最も多い状況であり、その次に「歴任役位別報酬月額」が23.4％（319社）で続いています。

かの理由（下記①２参照）がありますが、法人が役員退職給与の支給額を計算する場合に、功績倍率法と同様に、「最終月額報酬」と「勤続年数」の積に「一定の数値」を乗じて計算することが多いこともその理由のひとつであるといえます。

<東京地判昭和55年5月26日（訟務月報26巻8号1452頁）>

…（略）…株式会社政経研究所が昭和47年6月20日現在で全上場会社1,603社及び非上場会社101社を調査したところ、何らかの形で役員退職給与金額の計算の基準を有しているものが682社、そのうち右基準を明示したものが265社あったが、265社のうち167社が退任時の最終報酬月額を基礎として退職金を算出する方式をとっており、さらに、そのうち154社が最終報酬月額と在任期間の積に一定の数値を乗じて退職給与金額を算出する方式をとっていることが認められるのであるから、退職給与金額の損金算入の可否、すなわちその相当性の判断にあたって原告と同業種、類似規模の法人を抽出し、その功績倍率を基準とすることは、前記法令（役員退職給与に関する法令：筆者挿入）の規定の趣旨に合致し合理的であるというべきである。

<岡山地判平成元年8月9日（税資173号432頁）>

…（略）…被告の相当な退職給与の額の判断過程における平均功績倍率法の合理性についてみるに、〔証拠略〕によれば、株式会社政経研究所が、昭和58年1月現在で証券取引所に上場、非上場の会社合計約2000社を対象にアンケート又は直接取材により調査を行い、そのうち、202社（1部上場58社、2部上場28社、地方上場3社、非上場113社）からの回答を得たところによれば、昭和52年10月1日から昭和57年9月末日までの間に退職した役員は687名で、そのうち、昭和55年1月1日から昭和57年9月末日までの間に退職した役員は309名（104

社）であつたところ、これら役員に対する退職給与の算出方式に
つき、右164社のうち144社が一定の基準を設けて退職給与額
を算出する方式をとつており、右144社のうち右算出方式につ
いても回答のあつた133社の各算出方式は、当該役員の退職時
の最終報酬月額を基礎とするものが59社（44.4％）、当該役員
が歴任した各役位毎の報酬月額を用いて役位別に退職給与額を累
加して算出するものが36社（27.1％）、役位別の1年当たりの
定額を基礎額として退職給与額を算出するものが（27社20.3
％）、その他の算出方式が3社（9.1％）であり、右133社の半
数近くが当該退職役員の最終報酬月額を基準に退職給与額を算定
しており、さらに、そのうち31社（52.5％）が最終報酬月額と
役員在任通算年数の積に一定の数値を乗じて退職給与額を算出す
る方式をとつていることが認められるのであるから、退職給与額
の相当性を判断するについて、原告と同業種、類似規模の法人を
抽出し、その功績倍率を基準とする平均功績倍率法は、前記法令
（役員退職給与に関する法令：筆者挿入）の規定の趣旨に合致し、
合理性があるというべきである。

　この第3章では、課税実務及び裁判例において、役員退職給
与の相当性の判断基準として用いられている方法についてみて
いきます。具体的には、①（平均・最高）功績倍率法、②1年
当たり平均額法があります。これらの方法は、納税者が役員退
職給与の金額を算定する際に使用していくものではなく、あく
までも、課税庁や裁判所が役員退職給与の相当性を判断する際
に使用するものです。しかし、上記でみたとおり、多くの法人
が役員退職給与の金額を功績倍率法と同じ考え方（最終月額報
酬×勤続年数×一定の数値）で算出していることに加え、実際
に税務調査で役員退職給与の金額が問題になった場合に平均功
績倍率法などにより相当額が算定されることから、相当性の判

断基準を理解しておくことは重要であると考えられます。

　以上のことから、功績倍率法や1年当たり平均額法がどのような方法なのかを確認しつつ、納税者が役員退職給与の支給額を算定する際に注意すべき事項について解説していきます。

1　功績倍率

　課税実務及び裁判例では、役員退職給与の相当性を判断する際は、「功績倍率法」を用いる場合が多いですが、この功績倍率法でいう功績倍率とは、役員の法人に対する功績や法人の退職金支払い能力等の個別的要素を総合評価した係数と位置付けられており、具体的には、以下の算式で計算します。

$$功績倍率 = \frac{役員退職給与の額}{退職時の最終月額報酬 \times 勤続年数}$$

　上記の算式のとおり、役員退職給与の相当性を判断する際の功績倍率は、役員退職給与の額を最終月額報酬に勤続年数を乗じて算出した金額で除して算出します。この功績倍率が大きすぎると、税務調査で不相当に高額な部分の金額があるとして、支給額の一部を損金不算入とする指摘がなされる可能性があります。よく巷では、「代表取締役の場合は功績倍率 3.0 までであれば問題ない」ということがいわれることがありますが、そのような法令や通達の規定は存在しません。確かに、一般的に、会長や社長の功績倍率が 3.0 であれば、取り立てて問題視されることは少ないと考えられますが、だからといって「功績倍率が 3.0 だから問題ない」といいきることはできません。あくまでも退任する役員の実態に即して判断すべきでしょう。

　ところで、法人が役員退職慰労金規程などで定める「一定の数値」についても、一般的に「功績倍率」と呼ぶ場合が多いで

すが、この「役員退職慰労金規程などで定める功績倍率」と役員退職給与の相当性を判断する際の「功績倍率法でいう功績倍率」とでは、厳密には異なるものであるということを理解しておく必要があります。この違いは、「功労加算金」を支給する場合に顕著に現れます。役員退職慰労金規程などでは、役員退職給与の額に「○○％を超えない範囲において功労加算を行う」といった規定を設けている場合があります。功労加算を設けること自体は何ら問題ありませんが、役員退職給与の相当性を判断する際には、この功労加算部分も含めて支給額の総額で判断することとなります。例えば、以下のような事例でみてみましょう。

＜役員退職慰労金規程＞

第○条　役員退職慰労金の金額は、以下の算式で計算した金額とする。

　退任時最終月額報酬×役員在任年数×退任時役位別功績倍率

2　前条の功績倍率は、以下のとおりとする。

　会長又は社長　　　3.0

　副社長　　　　　　2.8

　　・・・

第○条　取締役会は退任役員の功績を評価し、在任中の功績が顕著であったと認められた場合、第○条で定めた役員退職慰労金の他に、その30％を超えない範囲において功労加算を行う。

＜退任役員に関する情報＞

役職	退任時最終月額報酬	役員在任年数	功労加算
会長	100万円	30年	30％加算

まず、この会長に対する役員退職給与について、役員退職慰労金規程に従って計算すると、以下のとおりとなります。

100万円×30年×3.0×1.3＝1億1,700万円

一方、この会長に対する役員退職給与について、役員退職給与の相当性を判断する際の「功績倍率法でいう功績倍率」を計算すると、以下のとおりとなります。

$$\frac{1億1,700万円}{100万円×30年}＝功績倍率3.9$$

このように、役員退職慰労金規程における功績倍率が「3.0」であっても、役員退職給与の相当性を判断する際の功績倍率としては「3.9」ということになります。この後に解説していきますが、例えば、税務調査で上記事例の相当性が問題になり、税務職員から「税務署で持っている情報を基に同業類似法人の功績倍率を算出したところ、功績倍率の平均は『3.0』でしたので、それを超える部分は損金の額に算入することはできず、増額更正処分します」と指摘されたら、以下の金額が損金不算入額として所得金額に加算されることとなります。

役員退職給与の相当額：100万円×30年×3.0＝9,000万円
損金不算入額：1億1,700万円－9,000万円＝2,700万円

つまり、単に「功績倍率」という文言にとらわれて、それがいくつであるかということだけを気にしていたのでは意味がありません。支給総額から算出される功績倍率が何倍になっているのかという点に注意する必要があるでしょう。

2　功績倍率法の合理性

　役員退職給与の相当性の判断において、功績倍率法によることが合理的であるとされている理由は、裁判所において、例えば、以下のように述べられています。

＜静岡地判昭和63年9月30日（税資165号962頁）＞
　功績倍率は、実際に支給された役員退職給与の額が、当該役員の退職時における最終報酬月額に勤続年数を乗じた金額に対し、いかなる比率になっているかを示す数値であるところ、役員の最終報酬月額は、特別な場合を除いて役員の在職期間中における最高水準を示すとともに、役員の在職期間中における会社に対する功績を最もよく反映しているものであり、また、役員の在職期間の長短は、報酬の後払いとしての性格の点にも、功績評価の点にも影響を及ぼすものと解され、功績倍率は、当該役員の法人に対する功績や法人の退職金支払い能力等の個別的要素を総合評価した係数というべきであるから、類似法人の功績倍率を比較検討して、退職役員に対する退職給与の支給が不当に高額であるか否かを判断する被告の判定方法（功績倍率法：筆者挿入）は、前記法令（役員退職給与に関する法令：筆者挿入）の趣旨に合致する合理的なものというべきである。

　これを、功績倍率法の算式と併せてみてみると以下のようになります。

最終月額報酬	×	勤続年数	×	功績倍率
⇓		⇓		⇓
特別な場合を除いて、 ・役員の在職期間中における最高水準を示す。 ・役員の在職期間中における会社に対する功績を最もよく反映している。		報酬の後払いとしての性格の点にも、功績評価の点にも影響を及ぼすものである。		役員の法人に対する功績や法人の退職金支払い能力等の個別的要素を総合評価した係数である。

　このように、功績倍率法の各計算要素（最終月額報酬、勤続年数及び功績倍率）は、役員退職給与の相当性を判断するための要素として、十分な性格を有していると評価されていることから、功績倍率法は法令の趣旨に合致する合理的なものであると位置付けられています。この功績倍率法に対する考え方は、国税不服審判所及び裁判所における多くの裁決例及び裁判例で採用され定着しています。

　第1章及び第2章において、役員退職給与の相当性は、法人税法施行令70条2号により、以下の事項に照らし判断するものであると説明しました。

① 　業務に従事した期間
② 　退職の事情
③ 　その内国法人と同種の事業を営む法人でその事業規模が類似するものの役員に対する退職給与の支給の状況　　　等

　しかしながら、功績倍率法を用いて役員退職給与の相当性の判断が行われるということは、結局のところ、役員退職給与の金額計算にこれらの事項のひとつひとつを落とし込んでいくわけではないということを意味しています。①の「業務に従事し

た期間」は功績倍率法の勤続年数に該当するものの、②の「退職の事情」、③の「同業類似法人の支給状況」、「等」とされるその他の考慮事項は、功績倍率法の「功績倍率」に集約されてしまうことになります。すなわち、功績倍率を算出するための同業類似法人の抽出において、退職の事情は定年退職なのか死亡退職なのか、事業の分類や規模は同種で類似しているのかなどという抽出基準を設け、それに適合する同業類似法人を抽出することによって、退職の事情や同業類似法人の支給状況等が考慮されることとなります。そして、特別の事情がない限り、その他の個別の要素は考慮されません。

このことは、納税者及び税理士の視点でみると、とても納得し難いことですが、功績倍率の位置付けが、上記でみたとおり、役員の法人に対する功績や法人の退職金支払い能力等の個別的要素を総合評価した係数とされている以上、法人それぞれに存在する個別の要素を役員退職給与の金額計算に反映していくのは難しいといえます。

3　平均功績倍率法と最高功績倍率法

功績倍率法には、「平均功績倍率法」と「最高功績倍率法」とがあります。

「平均功績倍率法」は、退任役員の最終月額報酬及び勤続年数の積に、同業類似法人の功績倍率の「平均値」を乗じて役員退職給与の相当額を算出する方法をいいます。

例えば、納税者が支給した役員退職給与の額、同業類似法人の支給状況等が以下のとおりであるとします。

<＜納税者が支給した役員退職給与の額＞>

＜納税者が支給した役員退職給与の額＞

役員退職給与の額：234,000,000 円

（最終月額報酬 1,560,000 円、勤続年数 30 年、功績倍率 5.0）

＜同業類似法人の支給状況等＞

	①退職給与	②最終月額報酬	③勤続年数	④功績倍率 (①/(②×③))
A 社	120,000,000円	1,000,000円	28 年	4.29
B 社	115,000,000円	2,400,000円	15 年	3.20
C 社	190,000,000円	3,200,000円	20 年	2.97
D 社	175,000,000円	2,000,000円	40 年	2.19
E 社	250,000,000円	1,800,000円	35 年	3.97
平均功績倍率（功績倍率の平均値：④の合計/5）				3.33

（注）功績倍率は、小数点以下第 3 位を切り上げています。

　上記の場合、同業類似法人（A 社～E 社）の功績倍率の平均値（平均功績倍率）は、「3.33」となります。納税者の最終月額報酬（1,560,000 円）及び勤続年数（30 年）の積にこの「3.33」を乗じると、155,844,000 円が算出されることとなります。これが平均功績倍率法を用いた場合の役員退職給与の相当額ということになります。そして、納税者が支給した役員退職給与の額234,000,000 円のうち、155,844,000 円を超える部分の金額78,156,000 円が損金不算入とされます。

　一方、「最高功績倍率法」は、退任役員の最終月額報酬及び勤続年数の積に、同業類似法人の功績倍率の「最高値」を乗じて役員退職給与の相当額を算出する方法をいいます。上記例でいえば、同業類似法人の功績倍率の最高値は、A 社の「4.29」

ということになりますので、納税者の最終月額報酬（1,560,000
円）及び勤続年数（30年）の積に、「4.29」を乗じると、
200,772,000円が算出されることとなります。これが最高功績倍
率法を用いた場合の役員退職給与の相当額ということになりま
す。そして、納税者が支給した役員退職給与の額234,000,000円
のうち、200,772,000円を超える部分の金額33,228,000円が損金
不算入とされます。

　現在の課税実務及び裁判例においては、一般的には、平均功
績倍率法が優先的に用いられており、最高功績倍率法が用いら
れることは多くありません[2]。

　平均功績倍率法が優先的に用いられる理由として、裁判例で
は、以下のとおり述べられています。

＜東京地判平成25年3月22日（税資263号-51（順号
12175））＞
　同業類似法人における功績倍率の平均値を算定することによ
り、同業類似法人間に通常存在する諸要素の差異やその個々の特
殊性が捨象され、より平準化された数値が得られるものといえる
ことからすれば、このような最終月額報酬、勤続年数及び平均功
績倍率を用いて役員退職給与の適正額を算定する平均功績倍率法
は、その同業類似法人の抽出が合理的に行われる限り、法36条
及び施行令72条（役員退職給与に関する法令：筆者挿入）の趣
旨に最も合致する合理的な方法というべきである。

（下線筆者）

　一方、最高功績倍率法が用いられる場合として、裁判例にお
いては、以下のように述べられ、限定的な場面でのみ適用があ

---

(2) 最高功績倍率法が採用された事例として、岐阜地判平成2年12月26日（税資181
号1104頁）、東京地判昭和51年5月26日（税資88号862頁）ほか。

第3章　役員退職給与の相当性の判断

るとしています[3]。

> ＜東京地判平成 25 年 3 月 22 日（税資 263 号－51《順号 12175》）＞
>
> 最高功績倍率を用いるべき場合とは、平均功績倍率を用いることにより、同業類似法人間に通常存在する諸要素の差異やその個々の特殊性が捨象され、より平準化された数値を得ることができるとはいえない場合、すなわち、同業類似法人の抽出基準が必ずしも十分ではない場合や、その抽出件数が僅少であり、かつ、当該法人と最高功績倍率を示す同業類似法人とが極めて類似していると認められる場合などに限られるというべきである。

　このように、同業類似法人を抽出する基準が十分ではなかったり、抽出件数が僅少で、かつ、その法人と最高功績倍率を示す同業類似法人とが極めて類似していたりする場合などに限って、最高功績倍率法が適用されることとなります。

　納税者及び税理士の立場からすれば、平均値を超えると直ちに「不相当に高額である」として損金算入を否認されるのは納得し難いものです。しかし、現在の課税実務及び裁判例では、同業類似法人の中に不相当に高額な支給をしている法人が含まれていた場合に、その値を採用すると不合理な結果になり、また、それを除外するにしてもその対象や範囲が不明確になり、恣意性が介入する余地があると考えられていることから、平均功績倍率法が優先的に適用されています[4]。

---

(3) この事例は、高裁でも上記地裁の理由がそのまま引用されて棄却され、最高裁でも棄却及び上告不受理となっています（東京高判平成 25 年 7 月 18 日《税資 263 号－137《順号 12261》》、最判平成 26 年 5 月 19 日《税資 264 号－93《順号 12474》》）。

(4) 東京高判平成 25 年 9 月 5 日（税資 263 号－162《順号 12286》）

なお、平均功績倍率法の機械的な適用について一石を投じた事例として、東京地判平成29年10月13日（税資267号－127《順号13076》）があります。この裁判例においては、平均値を超えると直ちに不相当に高額であるとするのはあまりにも硬直的な考え方であるとして、平均功績倍率の1.5倍の率を適用して計算した金額を役員退職給与の相当額としました。これは、平均功績倍率法を機械的に適用することは、①実態に即した適正な課税を行うとする法人税法34条2項の趣旨に反することにもなりかねないこと、②抽出された同業類似法人のうち、平均値を超えている法人は不相当に高額な役員退職給与を支給していたことになりかねず、一定の適格性が担保されている同業類似法人であるという前提と矛盾すること、③納税者が同業類似法人の支給状況を調査するといっても、課税庁が行う厳格な調査は期待できないから、納税者の一般的な認識可能性にも十分配慮する必要があり、事後的な課税庁の調査による平均功績倍率を適用した金額からの相当程度の乖離を許容すべきことを理由としています。しかしながら、この事例の高裁判決である東京高判平成30年4月25日（税資268号－44《順号13149》）において、地裁のそのような理由は全て取り消され、平均功績倍率を適用すべきとしました[5]。納税者及び税理士にとってみると、上記地裁判決は一筋の光ではありましたが、残念ながら高裁判決でひっくり返されてしまいました。上記地裁判決の内容自体にも、いくつか問題点（なぜ1.5倍なのか、最高功績倍率法との関係性など）はありますが、上記③の「納税者の一般的

(5)　本事例については、一部報道によると最高裁判所に上告され訴訟係属中のようです。

な認識可能性にも十分配慮する必要がある」とした点は大いに評価でき、このような判決が増えることを期待したいと考えます。

4　最終月額報酬

　最終月額報酬は、先ほどみた裁判例でも触れられていましたが、特別な場合を除いて役員の在職期間中における最高水準を示すとともに、役員の在職期間中における会社に対する功績を最もよく反映しているものと位置付けられています[6]。実際に、役員退職給与の支給額の算定において、最終月額報酬を使用することは多く、役員退職給与を算定する際の重要な要素のひとつといえます。

　実務上、経営者の意図した役員退職給与の金額にするために、退職の直前で役員報酬の月額を増加させようとするケースが見受けられます。しかしながら、このような形式的な対応は、税務上の否認リスクを増加させるだけです。退職直前の役員報酬の増加が、形式的にそのまま受け入れられるわけではなく、あくまでも、実質的にみて、その最終月額報酬が適正額であるといえる必要があります。役員退職給与の金額を引き上げたいがために、退職直前に最終月額報酬を急激に引き上げても、功績を最も反映したものとはいえないと考えられることから、税務調査で「不相当に高額」として損金算入を否認される可能性が高いといえます。

---

(6) 静岡地判昭和 63 年 9 月 30 日（税資 165 号 962 頁）、東京地判平成 25 年 3 月 22 日（税務訴訟資料第 263 号 － 49（順号 12173）ほか。

一方、後継者のモチベーション維持や資金繰りの都合などに配慮して、退職前に役員給与の月額を引き下げていることがあります。この場合も、その引き下げた後の金額が功績を最も反映したものと評価される可能性があるため注意が必要です。合理的な理由があって、役員給与を低額に抑えていた場合などは、適正額に修正して役員退職給与を計算することができると考えられますが、修正後の月額報酬が適正額であるということは納税者側が証明していく必要があると考えられることから、低額に抑えていた理由を説明できるようにしておくことが重要です。また、過去の月額報酬の推移、他の役員の月額報酬とのバランスなどにも十分注意する必要があるでしょう。

　その他、関連会社などの役員も兼任し、各社から役員給与を受領している場合については、各社における責任度合や業務執行度合からみて妥当な金額であるかどうかという点にも注意が必要です[7]。

　この最終月額報酬の論点で、有名な事件として「残波事件」[8]があります。この事件は、法人が支出した役員給与（報酬）と役員退職給与について、それぞれ不相当に高額な部分の金額があるとして更正処分等があったことから、その取消しを求めた事案です。

　課税庁は、役員給与（報酬）について同業類似法人の給与のうち最高額の平均額を超える部分は不相当に高額であると主張

(7) 名古屋地判平成2年5月25日（税資176号1042頁）、名古屋高判平成4年6月18日（税資189号727頁）。
(8) 東京地判平成28年4月22日（税資266号－71《順号12849》）、東京高判平成29年2月23日（税資267号－32《順号12981》）、最判平成30年1月25日（税資268号－13《順号13118》）。

し、役員退職給与を算定する際の最終月額報酬はその最高額の平均額を用いるべきと主張しました(9)。これに対し、裁判所は、本件役員退職給与における最終月額報酬については、平均額ではなく最高額とすべきとして、課税庁の主張を退けました(10)。その結果、役員退職給与については、不相当に高額な部分があるとはいえないとして、全額損金算入を認めました。

この事例では、同業類似法人として抽出された4法人のうち2法人は役員給与（報酬）が大きく、もう一方の2法人との間に大きな乖離がありました。そのため、裁判所は、それらの平均額については、同業類似法人間に通常存在する諸要素の差異やその個々の特殊性が捨象され、平準化された数値であると評価することは困難であるといわざるを得ないとしました。そして、役員給与（報酬）の上位2法人について、不相当に高額な部分の金額が含まれる役員給与（報酬）を支給していることを伺わせる事情は見当たらないことを考慮して、同業類似法人の最高額を超えない限りは、不相当に高額な部分の金額があるとはいえないとしました。この残波事件の考え方（同業類似法人の最高額を採用すること）は、役員退職給与に関する様々な事例に一般論として当てはめることは難しいと考えられ、特殊な事例として考えるべきでしょう。

---

(9) 本件納税者は、退職した代表取締役の「最終月額給与」をそのまま最終月額報酬として役員退職給与の計算をしていました。

(10) 役員給与（報酬）については、裁判所は課税庁が同業類似法人の給与の「最高額」を超える部分を不相当に高額であるとして更正処分等をしていることを考慮して、本件の役員給与（報酬）が同業類似法人の最高額を超えるか否かの観点で処分の適法性を検討しました。その結果、本件役員の職務内容等から、同業類似法人の最高額を超える部分は不相当に高額であるとして、更正処分等を適法としました。

（1）最終月額報酬が低額過ぎるとされた事例

<＜高松地判平成5年6月29日（税資195号709頁）＞

　Aの最終報酬月額が5万円であつたことは当事者間に争いがない。

　ところで、〔証拠略〕によると、以下の事実を認めることができる。

　N木材が倒産する直前の事業年度のAの報酬は月68万円（年816万円）であり、昭和60年からBが個人営業していたころのAの報酬は月約40万円であった。

　原告におけるAの報酬は同人の意見に従い年額60万円（月額で計算すると5万円となる）と定められたが、同人は生活費としてBから月40万円程度を受領していた。

　原告設立後原告代表取締役Bの報酬が月75万円、取締役でBの弟Cの報酬が月60万円と定められ、その後平成元年9月1日、役員の報酬が改定され、原告代表者Bが月90万円、Cが月75万円になったが、Aの報酬は変更されなかった。

　Aは、肝硬変症、肝細胞癌により、…（略）…D病院にそれぞれ入院し、退院中も月2日ないし4日程度通院していたが、右10月2日同病により死亡した。

　Aは、退院中は、仕入先や銀行と交渉したり、原告代表取締役を指導する等原告の業務に従事していた。

　以上の事実を認めることができ、この認定に反する原告代表者の供述部分は採用しない。

　これらの事実に…（略）…認定したN木材時代からの取引先やAの事業経験を原告に引き継がせたことを合わせ考慮すると、Aの役員報酬月額5万円はAの功績を適正に反映したものとしては低額に過ぎ、Aの適正報酬月額は原告代表者Bの報酬月額…（略）…の平均額…（略）…の2分の1の額…（略）…と認めるのが相当である。

（２）最終月額報酬が低額ではないとされた事例

Ａの報酬月額は原告の業績の悪化に伴って減少しているが、原告の業績の回復とともに再び増加しており、通常の役員の報酬の変遷と何ら異なるところはないうえ、前記類似法人の各退職役員の最終報酬月額、原告の現取締役会長Ｂの報酬月額、Ａと同様に高齢を理由に退職した取締役Ｃの報酬月額と比較すれば、Ａの報酬月額が特に低額であるとは認められない。なお、証人Ｄの証言によれば、原告の代表取締役社長であるＥの昭和55年における報酬月額が180万円であることが認められるものの、当時、Ａの年齢が満86歳位であったことからすると、当時の原告の実質的な経営は、Ｅらが行っていたものと認めるのが相当である。そうすると、当時のＥの報酬月額がＡのそれよりもかなり高額であったことをもって、Ａの最終報酬月額が適正であることを否定するのは相当でない。

（３）最終月額報酬が責任度合や業務執行度合から相当な金額であるとされた事例

原告は、Ａの最終報酬月額金50万円は、著しく低額であるから、さしあたり金100万円程度をＡの最終報酬月額として計算をすべきである旨主張する。

しかしながら、原告主張のようにＡの最終報酬月額を金100万円とすべきであることを認める合理的根拠は何ら存在しないし、かえって〔証拠略〕によれば、Ａは、死亡時まで、原告のほか別表５記載の関連会社５社の代表取締役を兼務しており、各社における過去５年間の報酬月額は同表記載のとおりであったこと、原告並びに同表記載のＢ株式会社、Ｃ株式会社、Ｄ株式会社及び株式会社Ｅは、同表記載のＦ株式会社の子会社で同社の販売

部門、製造系統、仕入れ部門、リース部門等を独立させて法人化したものであることをそれぞれ認めることができ、…（略）…、右事実によれば、Ａの右各社に対する責任度合や業務執行度合は分散されて相対的に低いものとなっていたものと推認することができる。

また、〔証拠略〕によれば、…（略）…Ａは、…（略）…脳血栓で倒れて同年９月ころまで入院し、その後は、引き続き原告の代表者として活動を行っていたものの、従来の常勤をやめて１週間に２回程度出社していたにすぎないこと、原告が営業等で外回りの仕事の多い会社であったため、Ａは、病気したことによって外回りをなるべく抑えて製造等の内部的な業務に自己の職務の重点を置く意味で、右のように原告における代表取締役報酬を引き下げ、Ｄ株式会社及びＣ株式会社から右引下げ分に相当する代表取締役報酬を受けるようになったこと、…（略）…をそれぞれ認めることができ、右認定を覆すに足りる証拠はない。以上の事実によれば、原告におけるＡの最終報酬月額は原告におけるＡの責任度合や業務執行度合とその内容に応じた相当な金額であったものと認めることができ、右最終報酬月額金50万円が著しく低額である旨の原告の主張は採用することができない。

なお、余談になりますが、最終月額報酬が役員の在職期間中における最高水準を示すもので、役員の在職期間中における会社に対する功績を最もよく反映しているものという感覚は、大企業や公務員などにおいては受け入れやすいかもしれませんが、中小企業においては、なかなか素直に受け入れられるものではないと考えます。

中小企業の場合は、業績が不安定であることは否定できず、また、事業承継なども視野に入れて考えていくと、退職時の役員報酬の支給額がまさに「最高水準である」とか「功績を最も

よく反映している」とまではいえないことが多いのではないでしょうか。税務当局や裁判所においても、そういった中小企業の実態にも配慮した判断を期待したいと考えます。

5 勤続年数

　勤続年数（法人の業務に従事した期間）は、第1章及び第2章で確認したとおり、法人税法施行令70条2号において、役員退職給与の額が不相当に高額か否かを判断する際の考慮すべき事項として挙げられています。そして、功績倍率法における計算要素のひとつであることから、役員退職給与の額を算定する際の重要な要素であるといえます。

　勤続年数は、その法人の役員として勤務した期間のことをいいます。会社法上の役員であった期間が含まれるということに疑義が生ずることはないと考えられますが、使用人兼務役員や法人税法上のみなし役員として業務に従事していた期間をどのように考えればよいのか疑義の生ずるところです。また、個人事業主が法人成りした場合、個人事業主時代の期間を含められるのかどうかといった問題もあります。

（1）使用人兼務役員であった期間

　使用人兼務役員とは、役員（社長、理事長その他一定のものを除きます）のうち、部長、課長その他法人の使用人としての職制上の地位を有し、かつ、常時使用人としての職務に従事するものをいいます（法法34⑥）。

　使用人兼務役員は、役員が「使用人」を兼務している状態であり、役員であることに変わりはありません。そのため、使用

人兼務役員であった期間についても、勤続年数に含めていくこととなります。

（２）みなし役員であった期間

　法人税法においては、第１章で確認したとおり、会社法上の役員のようにその法人の根拠法令又は定款等の規定で役員とされた者のみならず、一定の要件に該当する者も「みなし役員」として役員の範囲に含めています。つまり、法人税法上は役員として取り扱われることから、みなし役員であった期間についても、勤続年数に含めていくこととなります。

　ただし、みなし役員の場合は、会社法上などの役員ではないことから、役員登記がされているわけでもなく、外形上だけでは、その者がみなし役員に該当するかどうか判断できません。勤続年数の算定上、みなし役員であった期間を含めていく場合には、その者がその期間中「みなし役員であった」ということを具体的に説明できなければなりません。とりわけ、その者がその法人の「経営に従事している」ということを立証するには、その当時から客観的な証拠を残しておくことが重要であり、例えば、会社の意思決定に関与していることを示す記録などの書類を残して説明できるようにしておくことが重要です（「経営に従事している」か否かのポイントは、第１章を参照してください）。その他、みなし役員である期間中に支給した給与について、勘定科目内訳明細書の役員給与等の内訳書に記載しておくことも重要でしょう。

　このみなし役員であった期間を含めることについて、国税不服審判所で認められた事例と認められなかった事例とがあります。

① みなし役員であった期間を含めることが認められた事例

<国税不服審判所金沢支部平成22年4月6日裁決（TAINSコード：F0-2-372）>

　代表取締役Aは、Aの妻であるBが従業員の採用、資金繰りの決定、従業員賞与の査定など重要な意思決定に参画し、設立時から夫婦2人で請求人の経営に当たってきた旨答述する。また、Bが当審判所に提出した陳述書には、…（略）…、設立時からBは、従業員の労務管理、監督官庁等の折衝、官工事等の指名願い、取引先との交渉等のほか、代表者に代わっての対外折衝、事務所及び工場の移転や組織変更など請求人の重要事項の決定に大きく関与していた旨の具体的かつ詳細な内容の記載があり、その内容は主要な部分でAの答述と合致する。

　さらに、…（略）…、設立時からの従業員の答述も請求人が大きく繁栄したのはAとBの2人の尽力が多大であったとするものであり、その内容はAの答述及びBの陳述書の内容に沿うものであり、これらはいずれも信用でき、Bが役員就任前と後を通じて実質的に請求人の経営上主要な地位を占めていたとみるべきである。加えて、…（略）…有限会社時代には登記上の役員のうち常勤役員がAだけであったことからすると、その間、Bは、代表者を補佐し、実質的に請求人の経営上主要な地位を占めていたことが十分推察できるものである。

　これらのことを総合勘案すれば、Bは、取締役就任以前の使用人時代において株式会社の取締役時代と同様に請求人の経営に従事していたものと推認される。

　（略）昭和50年9月末現在におけるA及びB夫婦の請求人に対する持株割合は64％であり、他に当該割合の変動を示す資料もなく、有限会社時代、請求人における両人合計の持株割合が50％以下となることはなかったものと推認され、持株割合の基準は充たしているものと認められる。よって、有限会社時代において、Bはみなし役員に該当するとみるのが相当である。

したがって、Bの役員退職給与の相当額を算定するに当たり、勤続年数は使用人時代を含めて32年とするのが相当である。

②　みなし役員であった期間を含めることが認められなかった事例

<国税不服審判所仙台支部平成1年6月21日裁決（TAINSコード：F0-2-022)>

1　請求人が提出した資料、原処分関係資料及び当審判所の調査によれば次の事実が認められる。

　　①　請求人が本件3,000,000円を損金の額に算入した昭和56年2月期の決算書には、当時の監査役である代理人が昭和56年4月1日付で監査承認した旨の記載があること。

　　②　Xがみなし役員であったと請求人が主張する昭和47年6月から同56年1月までの期間における原処分庁の法人税調査（昭和55年10月6日）の際にも、請求人からXが「みなし役員」である旨の申述等があったとは認められず原処分庁も「みなし役員」と認定した事実はないこと。

　　③　請求人の主張する上記の期間の請求人の役員はA、B及びCの3名であったこと。

2　以上の各事実を総合すると、昭和47年6月から同56年1月までの期間、Xが請求人の経営に従事していたというよりは、むしろ、A、B及びCの3名の取締役によって経営されていたものと認めるのが相当である。

　　なお、請求人の主張する各事実を検討した結果は次のとおりである。

　　①　Xは、会社案内にも常務と表示されていたと主張するが、「昭和54年7月1日付会社案内の原稿」には、「取締役・X」の表示があったことは認められる。しかし、会社案内そのものに表示されていたかどうかは判然としない。

② また、Xは、店の設備資金の銀行借入に際しては連帯保証人となっていた旨主張するが、同人が取締役に就任した後の昭和56年2月28日付のD銀行からの借入金30,000,000円の連帯保証人となった事実は認められるものの、それ以前に連帯保証人となっていた事実は見当らない。

③ 更に、Xは昭和56年2月期当時、請求人の使用人に係る退職給与引当金勘定の繰入計算の対象外となっていたと主張するが、昭和55年2月期及び昭和56年2月期においては、その事実は認められるものの、その事実のみをもってXが昭和47年6月以降経営に従事していたとは認められない。

④ 以上の各事実以外に経営に従事したことを認めるに足る証拠はなく請求人の主張は失当である。

3 （略）

4 そうすると、Xは、昭和47年6月から同56年1月までの期間について…（略）…請求人の経営に従事していたとは認められないから、法人税法第2条第15号に規定する役員には該当しない。

5 したがって、原処分庁が役員在任年数を昭和56年2月から同62年2月までの6年1ヵ月としたのは相当である。

（3）個人事業主時代の期間

　個人事業主が法人を設立してその法人に事業を引き継がせることを「法人成り」といいますが、その法人が役員退職給与を支給した場合に、その相当性の判断において、個人事業主時代の期間を勤続年数に含めることができるのか疑義の生ずるところです。この点については、個人事業主自体とそれ以外の者とに分けて解説します。

① 個人事業主の場合

　個人事業主が法人成りした場合、その設立した法人の役員になるわけですが、その後その法人の役員を退任したときに、個人事業主として活動していた期間を勤続年数に含められるかが問題となります。

　役員退職給与の不相当に高額な部分の金額を定めている法人税法施行令70条2号をみてみると、以下のとおり規定されています。

> 二　内国法人が各事業年度においてその退職した役員に対して支給した退職給与（…略…）の額が、<u>当該役員のその内国法人の業務に従事した期間</u>、…（略）…等に照らし、その退職した役員に対する退職給与として相当であると認められる金額を超える場合におけるその超える部分の金額
>
> （下線筆者）

　このように、法人税法上は「その内国法人の業務に従事した期間」と規定していることから、個人事業主時代の期間を役員退職給与の相当性を判断する際の勤続年数に含めることはできません。裁判例においても、納税者が個人事業主時代と法人との実質的経営の一体性や継続性、その法人への貢献度を理由として、個人事業主時代の期間を勤続年数に加算すべきだと主張したことについて、以下のとおり、否定しています。

<高松地判平成5年6月29日（税資195号709頁）>

　そもそも、同一経営者の功績があって、実質的経営の一体性、継続性がある場合、個人営業の時代の勤続年数を当該法人における在職年数に加算するという原告主張の方法は、次のような問題があるので採用することができない。

法人税法施行令72条は、「当該役員のその内国法人の業務に従事した期間」と規定し、判定法人の業務に従事した期間に照らして相当性を判断するとしている。役員退職給与は報酬の後払いという要素と功績評価という要素が含まれるが、判定法人がこれを評価して支出するのであり、右金額のうち判定法人の損金に算入することが相当な金額を計算するために在職期間をその基準とするものである以上、右規定を文言どおり適用するべきである。

また、原告が引き継いだＡの個人経営時代、…（略）…の功績については、通常は、同人の報酬や、原告の事業の規模に表れているということができるから、比較法人の選定に当たり、同種、同程度の事業規模、退職した役員が創業者である事例に限定したり、…（略）…、適正な最終報酬月額を認定することによって評価するほかない。実際、原告主張のように、法人設立以前の経営期間を在職年数に加算することになると、右設立前の経営期間がそのまま直接原告に対する功績として反映されることになるうえ、平均功績倍率法を前提とする以上、比較法人が法人設立以前の経営期間を在職年数に加算して算定していないから、適切な比較が困難になる。

したがって、個人事業主時代の期間を含めず、その法人の役員として勤務した期間のみで勤続年数を考えることとなります。

なお、上記の法人税法施行令70条2号では、不相当に高額か否かの考慮要素について「等に照らし」となっていることから、個人事業主時代の業績やその後の法人への貢献度をこの「等」で加味できるという考え方もあり得るところですが、通常、特別の事情がなければ、そのような個別的事情は考慮されないことから、一般的には否定的に考えるべきでしょう。

その他、個人事業主については、次の②で説明する法人税基本通達9－2－39（個人事業当時の在職期間に対応する退職給与

の損金算入）の適用はありません。

② 個人事業主以外の者の場合

　個人事業主が法人成りして設立した法人が、その個人事業主時代から在職する者に対して、役員退職給与を支給する場合に、その個人事業主に雇用されていた期間を勤続年数に含めることができるかが問題となります。

　この点については、上記①の場合と同様に、役員退職給与の不相当に高額な部分の金額を定めている法人税法施行令70条2号では「その内国法人の業務に従事した期間」と規定していることから、個人事業主に雇用されていた期間を勤続年数に含めることはできません。ただし、裁判例において、その退職が法人の設立後相当期間経過後に行われたものであるときは、その個人事業主に雇用されていた期間に対応する退職給与について、その法人の損金の額に算入できるとする考え方を示した事例[11]があります。

　この裁判例でも、個人事業主に雇用されていた期間がその内国法人の業務に従事した期間には含まれないという原則的な考え方は崩していません。しかし、この「その内国法人の業務に従事した期間」は相当性の判断基準の要素として例示されているものであるから、個人事業主に雇用されていた期間を相当性の判断基準の一要素として考慮できるか否かについて、実質的な理由からも検討しなければならないとしています。そして、この裁判例では、「使用人」に対する退職給与の取扱いを検討した上で、個人事業主時代から在職する「役員」に対する役員

(11) 福島地判平成4年10月19日（税資193号78頁）

退職給与の考え方を示しています。

　まず、法人が、個人事業主時代から在職する使用人に対して、個人事業主に雇用されていた期間も含めて退職給与を支給した場合、理論的には、税務上、以下のとおりになるとしています。

> ①　個人経営時の在職期間に対応する退職給与は、個人事業主の事業所得の必要経費になる（一般的には個人事業主の最終年分の事業所得の必要経費として減額更正を行うべきことになる）。
> ②　法人経営時の在職期間に対応する退職給与は法人の損金とすべきものである。

　一方、課税実務においては、上記のような使用人に対する退職給与については、法人税基本通達9-2-39（個人事業当時の在職期間に対応する退職給与の損金算入）[12] により、使用人の退職が法人設立後相当期間の経過後に行われたものであるときは、個人事業主に雇用されていた期間に対応する分も含め退職給与の全額を法人の損金に算入することを認めています。この通達の趣旨について、この裁判例では以下のとおり述べています。

> 　個人事業主が使用人に対し個人事業の廃業時点でその在職期間分の退職給与を支払っている事例は稀であり、法人が個人経営時の在職期間に対応する分もまとめて退職給与を支給する事例が多いという実情に鑑み、法人設立後相当期間の経過後…略…には、本来個人事業主の事業所得の計算上必要経費に算入すべき（本来

---

(12) この裁判で争われていたときの通達番号は「9-2-27」ですが、内容的には変更ありません。

そして、このような使用人に対する退職給与の理論的な取扱
いや法人税基本通達9－2－39の趣旨について、個人事業主時
代から在職する「役員」に対する役員退職給与との関係でどの
ように考えるかについて、以下のように述べています。

　したがって、その役員の退職が法人の設立後相当期間経過後
に行われたものであるときは、個人事業主に雇用されていた期
間に対応する退職給与は損金の額に算入できるということであ
り、これはすなわち、役員退職給与の勤続年数に個人事業主に
雇用されていた期間を含めることができるということを意味し
ます。

　ただし、ここで気を付けなければならないのは、個人事業主
時代から在職する役員が、個人事業主に雇用されていた期間に
青色事業専従者であった場合には、個人事業主に雇用されてい

た期間を含めることはできないということです。上記裁判例は、法人が青色事業専従者であった期間も含めて死亡退職金を支払った事案ですが、以下のとおり述べています。

本件のＡの場合、「法人成り」する以前の個人事業（Ｂ及びＣ）当時、所得税法57条１項に規定する青色事業専従者であったのであるから、個人事業主であるＢ及びＣから、それぞれの個人事業の廃業時点で退職給与が支払われたとしても、同法56条により、個人事業主と生計を一にする親族に対する対価の支払として、個人事業主（Ｂ及びＣ）の事業所得の計算上必要経費に算入することはできないものであるから、仮に法人設立後相当期間の経過後であっても、当然に、「法人成り」した原告の損金と認めることはできない。

　所得税法57条１項においては、青色事業専従者が給与の支払を受けた場合には、労務に従事した期間等の一定の事項に照らし、その労務の対価として相当であると認められるものは、個人事業主の必要経費に算入し、かつ、その青色事業専従者の給与所得に係る収入金額とすると定めています。すなわち、青色事業専従者に退職給与が支払われても、退職所得に係る収入金額とはされず、かつ、原則どおり、生計一親族に対する対価の支払として、個人事業主の必要経費に含めることはできません。
　したがって、役員退職給与の支給を受ける役員が、個人事業主に雇用されていた期間に青色事業専従者であった場合には、個人事業主の場合（上記①）と同様に、役員退職給与の勤続年数に個人事業主に雇用されていた期間を含めることはできません。

6 同業類似法人における功績倍率

第1章及び第2章で解説したとおり、現在の課税実務及び裁判例においては、役員退職給与の相当性の判断は同業類似法人の支給状況を最も重視しており、具体的には、同業類似法人の功績倍率を用いた功績倍率法で相当性の判断がなされることとなります。

納税者が同業類似法人の支給状況に関する情報を入手するのは困難であるといえますが、法人税法施行令70条2号において相当性の判断基準の考慮要素として規定されていることから、全く無視をするということもできません。裁判例においても、納税者は民間企業が調査したデータなどから同業類似法人の支給状況を相当程度認識し得るとされています。

> ＜東京高判平成30年4月25日（税資268号−44《順号13149》）＞
>
> 役員退職給与の支給実績を調査したデータが掲載されている文献が複数公刊されているほか、TKC全国会（税理士及び公認会計士からなる任意団体）発行の同種の資料が同会の会員に頒布されており、これらの文献・資料には、業種等ごとに、法人の売上金額、役員の役職名、退職事由、在任年数、最終月額報酬額、役員退職給与の支給額、功績倍率等の実例情報が掲載されていることが認められ、納税者はこれらの公刊物により又はTKC全国会の会員である税理士等を通じて同業類似法人における役員に対する退職給与の支給の状況を相当程度認識し得るということができるから、同号の規定が納税者に予測不可能な考慮要素を定めたものとまでいうことはできない。被控訴人は、公刊資料における類似法人の功績倍率は、個別の法人及び役員の特別の事情が明確にされたものではないと主張するが、十分な実例情報は掲載されくい

したがって、民間企業が公表している役員退職給与に関する統計資料やTKC全国会における役員退職給与に関する資料などを参考にして、同業類似法人の支給状況を把握し、功績倍率を検討するといった対応が必要でしょう。入手できる情報はかなり限られており、合理的な基準を設けて、同業類似法人を抽出するのは難しいと考えられますが、裁判例においては、納税者及び税理士にとって極めて厳しい判断がされています。例えば、納税者がTKC全国会の「月額役員報酬・役員退職金（Y－BAST)」を用いて功績倍率を算出したことについて、同業類似法人の抽出地域を全国としていたり、事業種目を日本標準産業分類の大分類としていたりしたことから、その功績倍率を否定している事例があります。

＜東京地判平成25年3月22日（税資263号－54《順号12178》)＞

　そもそも本件亡乙・TKCデータ及び本件丙・TKCデータは、税理士及び公認会計士からなる任意団体であるTKC全国会が各会員に対して実施したアンケートの回答結果から構成されており、その対象法人がTKC全国会の会員が関与しているものに限られている上、原告が用いた抽出基準は、その抽出対象地域について何ら限定することなく全国としており、また、基幹の事業についても「日本標準産業分類・大分類・E－製造業」とするのみであって、中分類の存在を考慮しておらず、被告が用いた抽出基準に比べ、その対象地域及び業種の類似性の点において劣るものといわざるを得ない。

　そのため、単に金額や功績倍率の大小を比べるのではなく、

対象地域や事業種目、事業規模についても細かく検討すること
が求められます。なお、上記裁判例ではTKC全国会の「月額
役員報酬・役員退職金（Y－BAST）」について、税理士及び公
認会計士からなる任意団体の各会員に対して実施したアンケー
トの回答結果から構成され、その対象法人が「TKC全国会の
会員が関与しているものに限られている」と評価されており、
先の東京高判平成30年4月25日（税資268号－44《順号13149》）
における評価とは真逆であるともいえなくもありません。上記
裁判例（東京地判平成25年3月22日）は、納税者が用いた抽
出基準が粗々であったことから、課税庁が用いた抽出基準より
も劣るものとしているのであり、TKCデータ自体を完全に否
定しているのかは必ずしも明らかではありません。

　いずれにしても、納税者及び税理士においては、入手できる
情報が限られていることから、入手できた情報の範囲内で同業
類似法人の抽出基準などを検討せざるを得ないと考えます。

　一方、課税庁側ではありますが、民間企業の調査データを利
用して功績倍率を算出し、裁判所がその合理性を認めている事
例もあります。

＜岡山地判平成18年3月23日（税資第256号－88《順号
10348》）＞
　株式会社Nが上場会社及び未上場会社約2000社を対象に行
った調査によれば、回答があった事例のうち、①平成4年9月1
日から平成9年8月31日までの間に退任した常勤役員（会長、
社長、副社長、専務、常務、取締役及び監査役合計469名）に対
する退職給与の最高功績倍率は9.6倍、最低功績倍率は0.2倍、
平均功績倍率は約2.3倍であり、業種を建設業に、役職を取締役
（常勤）に限定した場合の平均功績倍率は約2.0倍であり、②平成

9年9月1日から平成14年8月31日までの間に退任した常勤役員（会長、社長、副社長、専務、常務、取締役及び監査役合計532名）に対する退職給与の最高功績倍率は6.3倍、最低功績倍率は0.4倍、平均功績倍率は約2.2倍であり、業種を建設業に、役職を取締役（常勤）に限定した場合の平均功績倍率は約1.4倍であった。

　上記の調査対象は、丙の辞任時期である平成7年7月を包含する前後10年間の合計1001件の案件であり、原告の業種、事業規模、地域及び退任時期のいずれの類似性も包含しているから、比較法人の退職金支給事例の抽出として、一応の合理性が認められる。

　功績倍率は、退任役員の法人に対する功績や法人の退職金支払能力等の個別的要素を総合評価した係数であることから、単に、「3.0」ならよいとか、「6.0」はよくないというものではありませんが、一方で、過去の裁判例において、どの程度の功績倍率が相当として認定されているかということを理解しておくことも重要です。そこで、役員退職給与の相当性を争った主な裁判例をいくつかピックアップし、それらの納税者や課税庁の功績倍率等を表にまとめると以下のとおりとなります。

　まず、納税者の支給額における功績倍率をみてみると、代表者に係る功績倍率の一般的な相場観としていわれている「3.0」を上回る事例が多く、10倍以上といった事例も数多く存在します。役員退職給与の相当性を争う裁判では、当然、最終月額報酬の大小や勤続年数の長短も争われていく場合があり、裁判所が最終的に認定した事実に基づいて算出した功績倍率と、納税者が役員退職給与を支給したときに採用した功績倍率とが変わる場合もあります。そのため、表にまとめた功績倍率で納税者が当初から役員退職給与を支給しようとしたわけではない事例

もありますが、それを差し引いたとしても、これらの事例の多くが、あまりにも常識的な範囲を超えた功績倍率であるということは否定できません。課税庁においても、このような常識的ではない功績倍率の役員退職給与については、厳しい姿勢で対応しているということがいえます。

一方、課税庁が役員退職給与の損金不算入に係る更正処分を行った際の功績倍率について、分かり得る範囲で表に記載していますが、更正処分の段階では「3.0から3.5の範囲内」で認定していることが多いようです。比較的最近の事例として、平成20年以降の事例（No.13～19）でみても、7事例中5事例が「3.0」以上で認定しています。

これに対して、納税者が納得せず訴訟まで発展してしまった場合、課税庁側は自らの更正処分の適法性を維持するために、功績倍率をより厳格に認定していることが多いといえます。例えば、1億5千万円（100万円×30年×5.0）の役員退職給与の支給について、相当額は9,000万円（100万円×30年×3.0）であるとして、6,000万円を損金不算入とする更正処分をしたとします。そして、これが訴訟まで発展したときは、課税庁としては功績倍率をより厳格に認定し、例えば、「同業類似法人の平均功績倍率は2.3であり、相当額は6,900万円となるから、損金不算入額は8,100万円となる。更正処分はその範囲で行われているから適法である」といった形で主張するということです。そのため、表をみて分かるとおり、課税庁は、訴訟においては更正処分時の功績倍率よりも低い倍率で相当性を主張し、裁判所もそれを合理的なものとして採用していることが多いといえます。

＜主な裁判例における役員退職給与の功績倍率＞

No.1

受給者	納税者支給額の功績倍率	課税庁主張の功績倍率
代表者	3.0	2.1（平均） （更正等：2.1）
地裁	高裁	最高裁
東京地判 S46.6.29	東京高判 S49.1.31	最高裁 S50.2.25
3.0	2.1（平均）	2.1（平均）
納○（全部取消し）	納×（原判決全部取消し）	納×（上告棄却）

地裁では、同業類似法人の支給状況に照らして、納税者が定めた功績倍率を不相当に失するものとは認め難いとしたが、高裁では平均功績倍率が採用された。

No.2

受給者	納税者支給額の功績倍率	課税庁主張の功績倍率
元代表者	8.0	2.3（平均） （更正等：3.0）
地裁	高裁	最高裁
東京地判 S49.12.12	東京高判 S51.9.29	
2.3（平均）	2.3（平均）	
納×（棄却）	納×（控訴棄却）	

No.3

受給者	納税者支給額の功績倍率	課税庁主張の功績倍率
代表者	13.4	7.5（最高）
地裁	高裁	最高裁
東京地判 S51.5.26	東京高判 S52.9.26	
7.5（最高）	7.5（最高）	
納×（棄却）	納×（控訴棄却）	

平均功績倍率は 2.7 であるが、最高功績倍率で計算しても、それにより算出される不相当な部分の金額を加算した所得金額の範囲内で、更正処分は行われているから違法はないとされた。

No.4

受給者	納税者支給額の功績倍率	課税庁主張の功績倍率
取締役・監査役（計4名）	75〜150（退職者4名）	3.0（最高）
地裁	高裁	最高裁
東京地判 S55.5.26	東京高判 S56.11.18	最高裁 S60.9.17
3.0（最高）	3.0（最高）	3.0（最高）
納×（棄却）	納×（控訴棄却）	納×（上告棄却）

No.5

受給者	納税者支給額の功績倍率	課税庁主張の功績倍率
代表者	18.2	一年当たり平均額法採用
地裁	高裁	最高裁
札幌地判 S58.5.27		
一年当たり平均額法採用		
納×（棄却）		
課税庁は、更正処分時に同業類似法人の平均功績倍率も算定し 4.7 としている。		

No.6

受給者	納税者支給額の功績倍率	課税庁主張の功績倍率
代表者（死亡）	弔慰金名目で処理	1.97（平均）
地裁	高裁	最高裁
長野地判 S62.4.16		
2.22（平均）		
納×（棄却）		
支給額全額が弔慰金名目で処理されたもの。法人税法上の役員退職給与として認定された金額を基に功績倍率を算定すると 128.7 となる。		

No.7

受給者	納税者支給額の功績倍率	課税庁主張の功績倍率
代表者（死亡）	8.468	2.2（平均） （更正等：4.1）

地裁	高裁	最高裁
静岡地判 S63.9.30	東京高判 H1.1.23	
2.2（平均）	2.2（平均）	
納×（棄却）	納×（控訴棄却）	

No.8

受給者	納税者支給額の功績倍率	課税庁主張の功績倍率
元代表者	20.7	3.4（平均）
地裁	高裁	最高裁
岡山地判 H1.8.9	広島高判 H4.3.31	
3.4（平均）、4.0（最高）	3.4（平均）、4.0（最高）	
納×（棄却）	納×（控訴棄却）	

更正処分時の相当額は、平均功績倍率で算定した結果を上回るばかりでなく、最高功績倍率で算定した結果をも上回ることから、その相当額は合理性があるとされた。

No.9

受給者	納税者支給額の功績倍率	課税庁主張の功績倍率
代表者（死亡）	5.8	2.5（平均） （更正等：3.6）
地裁	高裁	最高裁
名古屋地判 H2.5.25	名古屋高判 H4.6.18	
2.5（平均）	2.5（平均）	
納×（棄却）	納×（控訴棄却）	

No.10

受給者	納税者支給額の功績倍率	課税庁主張の功績倍率
代表者（死亡）	6.5〜6.6（原告4社）	1.9〜2.5（平均） （更正等：3〜4）
地裁	高裁	最高裁
岐阜地判 H2.12.26		
2.63〜3.76（最高）		
納×（棄却）		

最高功績倍率で計算しても、それにより算出される不相当な部分の金額を加算した所得金額の範囲内で、更正処分は行われているから違法はないとされた。

No.11

受給者	納税者支給額の功績倍率	課税庁主張の功績倍率
元代表者（死亡）	48.9	2.73（平均） （更正等：3.59）
地裁	高裁	最高裁
浦和地判 H3.9.30		
2.73（平均）		
納×（棄却）		

No.12

受給者	納税者支給額の功績倍率	課税庁主張の功績倍率
代表者	8.3	2.6（平均） （更正等：3.9）
地裁	高裁	最高裁
札幌地判 H11.12.11	札幌高判 H12.9.27	最高裁 S50.2.25
3.0（平均）	3.0（平均）	3.0（平均）
納×（棄却）	納×（控訴棄却）	納×（上告棄却）

No.13

受給者	納税者支給額の功績倍率	課税庁主張の功績倍率
代表者（死亡）	6.1	3.5（平均） （更正等：3.5）
地裁	高裁	最高裁
大分地判 H20.12.1		
3.5（原告の規程を採用）		
納×（棄却）		

弔慰金の不当額を含めて算定した場合は 6.3 となる。納税者の役員退職金規程における最終役位計数は 3.5 であった。最終月額報酬について一部不相当に高額とされた。

受給者	納税者支給額の功績倍率	課税庁主張の功績倍率
代表者（死亡）	4.7	2.3（平均） （更正等：3.5）
地裁	高裁	最高裁
大分地判 H21.2.26		
3.5（2.3+α）		
納○（一部取消し）		

平均功績倍率が相当としつつも、納税者の経営内容や比較法人数などを考慮して3.5とされた。更正処分時に最終月額報酬が不相当に高額とされたが、地裁では不相当とはいえないとされた。

受給者	納税者支給額の功績倍率	課税庁主張の功績倍率
代表者（死亡）	18.60	2.5（平均） （更正等：2.9）
地裁	高裁	最高裁
岡山地判 H21.5.19		
2.5（平均）		
納×（棄却）		

弔慰金の不相当額を含めて算定した場合は 18.9 となる。

受給者	納税者支給額の功績倍率	課税庁主張の功績倍率
代表者（死亡）	7.4	3.18（平均） （更正等：3.18）
地裁	高裁	最高裁
熊本地判 H25.1.16	福岡高判 H25.6.18	最高裁 H26.1.17
3.18（平均）	3.18（平均）	3.18（平均）
納×（棄却）	納×（控訴棄却）	納×（上告不受理）

No.17

受給者	納税者支給額の功績倍率	課税庁主張の功績倍率
代表者取締役（死亡）	15.0	2.28（平均） （更正等：3.0）
地裁	高裁	最高裁
東京地判 H25.3.22	東京高判 H25.9.5	最高裁 H26.5.27
2.28（平均）	2.28（平均）	2.28（平均）
納×（棄却）	納×（控訴棄却）	納×（上告棄却・不受理）

原告のグループ企業4社でも同様に不相当に高額とされ、それぞれ訴訟を提起したが敗訴した。それらの功績倍率は、納税者13.5〜14.5、課税庁及び裁判所1.18〜1.91（更正等は3.0）である。

No.18

受給者	納税者支給額の功績倍率	課税庁主張の功績倍率
代表者（死亡）	6.49	3.26（平均） （更正等：3.35）
地裁	高裁	最高裁
東京地判 H29.10.13	東京高判 H30.4.25	訴訟係属中
4.89（平均功績倍率×1.5）	3.26（平均）	
納○（一部取消し）	納×（原判決控訴人敗訴 部分取消し）	

地裁では、平均功績倍率の機械的な適用を否定し、平均功績倍率の1.5倍の率を採用したが、高裁では平均功績倍率が採用された。

No.19

受給者	納税者支給額の功績倍率	課税庁主張の功績倍率
代表者	8.0	1.06（平均） （更正等：1.53）
地裁	高裁	最高裁
東京地判 R2.2.19	訴訟係属中	—
1.06（平均）		
納×（棄却）		

（注1）「納税者支給額の功績倍率」は、判決文から分かるものはそれを記載し、それ以外は裁判所が認定した役員退職給与、最終月額報酬及び勤続年数を用いて算定しています。

（注2）表中の「（更正等：○○）」は、更正等が行われたときに課税庁が採用した功績倍率について、判決文等から分かり得る範囲で記載しています。

（注3）高裁及び最高裁の功績倍率は、原審と変更ない場合は原審の功績倍率をそのまま記載しています。

（注4）表中の「納○」は「納税者勝訴又は一部勝訴」、「納×」は「納税者敗訴」を意味しています。

　このように過去の裁判例をみるかぎり、代表者の場合であれば功績倍率を「3.0」とするというのは、妥当な水準であろうと考えられます。ただし、上記表中 No. 19 の裁判例のように、更正処分時の功績倍率が「1.53」（訴訟上では「1.06」）という極めて低い事例もあることから注意が必要です。何度も述べていますが、「3.0」という数値は絶対的なものではなく、最終的には個々の状況によって異なってくることから、民間企業が公表している資料など、できる限り情報収集して、慎重に検討する必要があるでしょう。

　また、当然、最終月額報酬や勤続年数についても適正な金額や期間であるかどうか、功労加算などを行う場合には、それも含めたところで金額が妥当かどうかといったことも慎重に検討する必要があるでしょう。

　最後に、上記表中 No.3 の裁判例において、課税庁が自己の抽出した同業類似法人の功績倍率の相当性を主張する際に、以下のように述べています。年代としては古い事例になりますが、参考になるものと思われます。

＜東京地判昭和 55 年 5 月 26 日（訟務月報 26 巻 8 号 1452 頁)＞

（課税庁の主張）

　右数値は本件更正当時の全上場 1,603 社の実態調査の結果から算出される功績倍率の平均が社長 3.0、専務 2.4、常務 2.2、平取締役 1.8、監査役 1.6 であるところからみて相当な基準といえるものである。

2 1年当たり平均額法

　役員退職給与の相当性を判断する際の基準として、「1年当たり平均額法」というものがあります。1年当たり平均額法とは、同業類似法人の役員退職給与をその役員退職給与に係る役員の勤続年数で除して得た額の平均額に、退任役員の勤続年数を乗じて相当額を計算するというものです。

（ア）同業類似法人の　÷　その役員退職給与に　＝　同業類似法人の1年
　　　役員退職給与　　　　係る役員の勤続年数　　　当たり役員退職給与

（イ）（ア）の平均額×　退任役員の　＝　役員退職給与
　　　　　　　　　　　　勤続年数　　　の相当額

　実務上、この1年当たり平均額法を採用して役員退職給与の計算を行うことは、ほぼないと考えられます。そもそも、功績倍率と同様に、同業類似法人の役員退職給与に係る情報を入手することが容易ではないことから、現実的ではないでしょう。したがって、あくまでも、役員退職給与の相当性が問題になった場合において、課税庁が持ち出す基準であるということになります。

　この1年当たり平均額法について、裁判例では、以下のように評価しています。

＜東京地判平成25年3月22日（税資263号−53（順号12177））＞
　1年当たり平均額法は、…（略）…、当該退職役員の在職期間中における法人に対する功績の程度を反映しているものというべき最終月額報酬を用いないため、その合理性において平均功績倍

率法に劣る面があることは否めないものの、平均功績倍率法と同様、①勤続年数は、施行令（略）で規定する「当該役員のその内国法人の業務に従事した期間」に相当すること、②同業類似法人における１年当たり役員退職給与額の平均額を算定することにより、同業類似法人間に通常存在する諸要素の差異やその個々の特殊性が捨象され、より平準化された数値を得ることができるものであることからすれば、退職の直前に当該退職役員の報酬が大幅に引き下げられたなど、平均功績倍率法を用いることが不合理であると認められる特段の事情がある場合には、…（略）…１年当たり平均額法もまた、その同業類似法人の抽出が合理的に行われる限り、法36条及び施行令72条（役員退職給与に関する法令：筆者挿入）の趣旨に合致する合理的な方法というべきである。

　まず、平均功績倍率法との関係性ですが、１年当たり平均額法は、平均功績倍率法よりも劣る面があると評価されています。１年当たり平均額法の計算要素をみると、実際に問題となっている退任役員に関する数値は、「勤続年数」しか用いられていません。平均功績倍率法で解説したとおり、「最終月額報酬」は、特別な場合を除いて、役員の在職期間中における最高水準を示すものであり、役員の在職期間中における会社に対する功績を最もよく反映しているものと評価されていますので、それを用いない１年当たり平均額法は、平均功績倍率法よりも劣るということです。

　しかしながら、１年当たり平均額法の合理性については肯定されています。すなわち、①法令上、役員退職給与の相当性の判断基準に係る考慮要素とされている勤続年数を用いていること、②同業類似法人における１年当たり役員退職給与額の平均額を算定することにより、同業類似法人間に通常存在する諸要

135

素の差異やその個々の特殊性が捨象され、より平準化された数値を得ることができることを理由としています。

その結果、平均功績倍率法を用いることが不合理であると認められる特段の事情がある場合には、1年当たり平均額法を用いて相当性を判断することも合理的な方法であるとされています。この場合の特別の事情としては、判決文で例示されているとおり、「退職の直前に当該退職役員の報酬が大幅に引き下げられた」などが当てはまります。つまり、最終月額報酬が大幅に引き下げられていると、「功績を最も反映したもの」といえないことから、そのような場合に平均功績倍率法を用いることは不合理であるとされ、1年当たり平均額法を用いるのが合理的であるとされます(13)。

なお、1年当たり平均額法は、同業類似法人の1年当たりの役員退職給与の平均額を用いますが、1年当たりの役員退職給与の最高額を用いる「1年当たり最高額法」もあります。いずれの数値を使うかは、平均功績倍率法と最高功績倍率法の考え方と同様です。すなわち、1年当たり最高額法の適用は、同業類似法人の抽出基準が必ずしも十分ではない場合や、その抽出件数が僅少であり、かつ、当該法人とその最高額を示す同業類似法人とが極めて類似していると認められる場合などに限られるとされています(14)。

---

(13) 1年当たり平均額法を用いた事例として、札幌地判昭和58年5月27日（税資130号541頁）、岡山地判平成元年8月9日（税資173号432頁）、東京地判令和2年3月24日（平成28年《行ウ》第589号）などがあります。
(14) 東京地判平成25年3月22日（税資263号−53《順号12177》）

第4章

役員の分掌変更等と役員退職給与

1 分掌変更等における役員退職給与

　退職給与は、第1章で確認したとおり、「退職により支給される一切の給与」をいいます。つまり、退職給与というためには、退職の事実に基づいて支給されなければなりません。役員に対して退職給与名目で給与を支給しても、退職の事実がなければ、退職給与以外の給与として取り扱われ、損金の額に算入されません。

　法人においては、取締役が常務取締役になったり、専務取締役が代表取締役になったり、いわゆる役員の分掌変更が行われることが多くあります。このような分掌変更の場合、その役員はその法人を退職したとは取り扱われません。また、役員の任期が満了し、改選により再任された場合も同様です。例えば、株式会社でいえば、取締役の任期は原則2年間であることから、その期間が満了すると株式会社と取締役との間の委任契約は一度終了します。そして、改選によって再任された場合、再度委任契約を締結して引き続き勤務することとなります。委任契約が終了した時点で形式的には退職したことになるわけですが、引き続き勤務していることから現実に退職したとはいえません。このように、役員の分掌変更や改選による再任等（以下「分掌変更等」といいます）に際して、その役員に対して退職給与名目で給与を支給しても、退職の事実がなければ、退職給与以外の給与として取り扱われることとなります。

　ただし、役員の分掌変更等に際して退職給与を支給した場合において、役員としての地位又は職務の内容が激変し、実質的に退職したと同様の事情にあると認められるときは、その役員

に対して支給した給与は退職給与として取り扱われることとなります。裁判例においても、例えば、以下のように述べられています。

　そして、法人税基本通達9-2-32（以下「分掌変更等通達」といいます）においても、その役員に対する退職給与の支給が、以下のように、役員としての地位又は職務の内容が激変し、実質的に退職したと同様の事情にあると認められることによるものである場合には、これを退職給与として取り扱うことができるとしています。

<役員の分掌変更等の場合の退職給与>（法基通9-2-32）

　法人が役員の分掌変更又は改選による再任等に際しその役員に対し退職給与として支給した給与については、その支給が、例えば次に掲げるような事実があったことによるものであるなど、その分掌変更等によりその役員としての地位又は職務の内容が激変し、実

質的に退職したと同様の事情にあると認められることによるものである場合には、これを退職給与として取り扱うことができる。

(1) 常勤役員が非常勤役員（常時勤務していないものであっても代表権を有する者及び代表権は有しないが実質的にその法人の経営上主要な地位を占めていると認められる者を除く。）になったこと。

(2) 取締役が監査役（監査役でありながら実質的にその法人の経営上主要な地位を占めていると認められる者及びその法人の株主等で令第71条第1項第5号《使用人兼務役員とされない役員》に掲げる要件の全てを満たしている者を除く。）になったこと。

(3) 分掌変更等の後におけるその役員（その分掌変更等の後においてもその法人の経営上主要な地位を占めていると認められる者を除く。）の給与が激減（おおむね50％以上の減少）したこと。

(注) 本文の「退職給与として支給した給与」には、原則として、法人が未払金等に計上した場合の当該未払金等の額は含まれない。

　分掌変更等における退職給与で最も重要なことは、その分掌変更等により、その役員としての地位又は職務の内容が激変し、実質的に退職したと同様の事情にあると認められなければならないということです。分掌変更等の場合は、その役員が実際に法人を退職しているわけではありませんので、実質的に退職したと同様の事情にあるといえるかどうかが重要なポイントとなります。

　なお、分掌変更等に際して支給した給与が役員退職給与とされる場合であっても、その支給した金額が不相当に高額であると認められる部分については、その部分は損金の額に算入されないこととなります。

2 実質的に退職したと同様の事情等

1 形式的な要件の充足

分掌変更等通達においては、役員としての地位又は職務の内容が激変し、実質的に退職したと同様の事情にあると認められるものの例示として、以下の3つを挙げています。

> ① 常勤役員が非常勤役員になったこと
> ② 取締役が監査役になったこと
> ③ 分掌変更等の後におけるその役員の給与が激減（おおむね50％以上の減少）したこと

ここで注意しなければならないのは、これらの事実に形式的に当てはまっているだけでは、実質的に退職したと同様の事情にあるという評価にはならないという点です。これら3つの事実は、あくまでも例示であり、形式的にこれらに当てはまれば、役員退職給与に該当するというわけではありません。上記①で説明したとおり、分掌変更等における役員退職給与は、役員としての地位又は職務内容が激変し、「実質的」に退職したと同様の事情にあると認められる必要があります。そのため、形式的に上記事実があるだけでは足りず、実質的に判断していく必要があります。

裁判例においても、分掌変更等通達は形式的に上記①から③までのいずれかに当たる事実があれば、当然に退職給与と認めるという趣旨ではない旨指摘しています。

<京都地判平成 18 年 2 月 10 日（税資 256 号－49（順号 10309））>

　乙の報酬は、平成 14 年 4 月 1 日以降、従前の月額 95 万円が月額 45 万円と半額以下になっており、形式的には、本件通達（法基通 9－2－32：筆者挿入）(3) に該当する事実は存在している。

　しかし、原告が同族会社であること、乙の報酬が減額されたことに代わって、乙の妻である甲の報酬は月額 20 万円が月額 45 万円に増額されており、両者の報酬額を併せると月額 90 万円であり、平成 13 年 9 月以前の報酬額の月額 95 万円と大差はないこと…（略）…、上記アのとおり、乙が、同月 1 日以降も、原告の重要な業務を担当していることを考慮すると、乙の報酬が形式的には半額以下となったことをもって、乙が原告を退職したのと同様な事情があると認めることはできない。

　本件通達も、形式的に本件通達 (1) から (3) までのいずれかに当たる事実がありさえすれば、当然に退職給与と認めるべきという趣旨と解することはできない。

2　経営上主要な地位を占めている者等の除外

　分掌変更等通達においては、上記1のとおり、3 つの例示を挙げていますが、それぞれ一定の者を除外しています。すなわち、その一定の者に該当する場合には、役員退職給与とは取り扱われません。

　まず、常勤役員が非常勤役員になった場合の例示においては、①常時勤務していないものであっても代表権を有する者、②代表権は有しないが実質的にその法人の経営上主要な地位を占めていると認められる者を除外しています。例えば、取締役

会を設置している一般的な株式会社においては、取締役会で取締役の中から代表取締役を選定し、選定された代表取締役は株式会社の業務を執行し、株式会社の業務に関する一切の裁判上又は裁判外の行為をする権限を有することになります（会法349④、362③、363）。このように代表権を有するということは、対内的にも対外的にも大きな権限を有していることを意味しています。そのため、いくら非常勤役員になったとしても、代表権を有している場合には、実質的に退職したということはできないことから、役員退職給与として取り扱われないこととなります。また、形式的には代表権を有していなくても、実質的にその法人の経営上主要な地位を占めていると認められる者については、結局は法人の経営に重大な影響を与え得る立場にいることから、そのような者に対して役員退職給与名目で給与を支給したとしても、役員退職給与としては取り扱われないこととなります。

　次に、取締役が監査役になった場合の例示においては、①監査役でありながら実質的にその法人の経営上主要な地位を占めていると認められる者、②その法人の株主等で「使用人兼務役員とされない役員」（法令71①五）に掲げる要件の全てを満たしている者を除外しています。①の法人の経営上主要な地位を占めていると認められる者が除外されているのは、常勤役員が非常勤役員になった場合と同様です。②は、使用人兼務役員とされない役員のうち一定の株主グループに属し、一定の株式等を保有する、いわゆる特定株主を除外しています（特定株主の詳細は第1章③2参照）。これは、同族会社の大株主の権限は、実質的には経営者と変わることがなく、重要な経営判断に影響

を与え得る立場にあると考えられているからだと思われますが、裁判例においては、必ずしも大株主であることをもって、分掌変更等における退職給与を認めないとはしていません（下記4参照）。

最後に、分掌変更等の後におけるその役員の給与が激減した場合の例示においては、常勤役員が非常勤役員になった場合と同様に、その分掌変更等の後においてもその法人の経営上主要な地位を占めていると認められる者を除外しています。これは、平成19年3月の通達改正で手当されたものです。この通達改正の趣旨について、国税庁は以下のように説明しています。

＜平成19年3月13日付課法2−3ほか1課共同「法人税基本通達等の一部改正について」（法令解釈通達）の趣旨説明＞
　改正前は「分掌変更等の後における報酬が激減（おおむね50％以上の減少）したこと。」が掲げられていたところであるが、これについて、形式的に報酬の額を50％以上引き下げればその際にその役員に支給した臨時的な給与はすべて退職給与として損金算入することが可能であると曲解する向きも極めて少数ではあるが存していたようである。
　しかしながら、本通達の（1）から（3）は、従来からの通達の文言上も明らかなように、あくまでも例示であり、たとえ形式的に報酬が激減したという事実があったとしても実質的に退職したと同様の事情にない場合には、その支給した臨時的な給与を退職給与として損金算入できる余地がないことは言うまでもない。
　そこで、今回の改正により、仮にその役員の給与が激減（おおむね50％以上の減少）したとしても、その分掌変更等の後においてもその法人の経営上主要な地位を占めていると認められる者については、本通達の取扱いの適用はない旨を明らかにしたところである。

3 実質的に退職したと同様の事情

退職給与については、何度も触れているように退職の事実がなければなりません。分掌変更等における退職給与は、役員としての地位又は職務内容が激変し、実質的に退職したと同様の事情にあると認められる必要があります。

この「実質的に退職したと同様の事情にある」かどうかは、主として事実認定の問題です。実務上は、上記2でみた、その法人の経営上主要な地位を占めているかどうかについて問題となりやすいといえます。一概に「このようにすれば大丈夫」ということはなく、職務内容の具体的な変化等をひとつずつ丁寧に確認することが重要です。

過去の裁判例などからみて、具体的には、以下のような事項について注意する必要があると考えられます[1]。

（1） 分掌変更等した役員の職務内容

分掌変更等した役員の職務内容が、分掌変更等の前後でどのように変化しているかという点を注意すべきであると考えられます。この点は、対外的なものと対内的なものとに分かれます。

まず、対外的なものとして、以下のような事項が考えられます。

---

[1] 京都地判平成18年2月10日（税資256号-49《順号10309》）、大阪高判平成18年10月25日（税資256号-293《順号10553》）、最判平成19年3月13日（税資257号-43《順号10652》）、東京地判平成20年6月27日（税資258号-119《順号10977》）、長崎地判平成21年3月10日（税資259号-40《順号11153》）、札幌地判平成28年4月15日（税資266号-65《順号12843》）、東京地判平成29年1月12日（税資267号-3《順号12952》）、東京高判平成29年7月12日（税資267号-84《順号13033》）、最判平成29年12月5日（税資267号-144《順号13093》）ほか。

（ア）主要な取引先や仕入先に対して、どのような対応をとっているか

（イ）資金調達等のための金融機関との面談又は交渉等を誰が対応しているか

（ウ）借入における個人保証の変更手続を行っているか

（エ）代表取締役変更の通知書の送付などを行っているか　　など

　分掌変更等して経営上主要な地位から外れたのであれば、その法人の主要な取引先や仕入先への対応にも変化が生ずると考えられます。分掌変更等した役員が、その分掌変更等の前に担当していた主要な取引先等について、分掌変更後も引き続き担当者として対応している場合には、職務内容に変化がないと認定される可能性があります。また、資金調達等のための金融機関との面談又は交渉等について、分掌変更等した役員が対応していないかどうかも重要な判断要素といえます。税務調査で分掌変更等の実態が問題となった場合には、主要な取引先や金融機関等に対して聞き取りなどが行われることが考えられることから、対外的な対応を誰が行っているかという点は注意すべき事項といえます。

　金融機関との関係でいえば、中小企業が借入を行う場合は、代表取締役の個人保証を求められることが多いですが、代表取締役を変更するとなれば、事前に金融機関に説明し承諾を得て、個人保証の変更手続きを行うのが一般的です。したがって、そのような事実があるかどうかも確認すべきでしょう。

　さらに、例えば、代表取締役が非常勤取締役になった場合に、主要な取引先や金融機関等に対して、代表取締役変更の通

知書などを送付したり、挨拶回りをしたりする場合が多いと考えられますが、そのような対応をしているかどうかも確認すべきでしょう。

　次に、対内的なものとしては、以下のような事項が考えられます。

> （ア）法人内部の主要な業務に携わっていないか
> （イ）主要な会議への出席など、経営上の重要な情報に接するとともに、個別案件の経営判断にも影響を及ぼし得る地位にいないか
> （ウ）稟議書等の決裁を行っていないか
> （エ）会社内部での業務分量は減少しているか
> （オ）出社日数は減少しているか
> （カ）従業員の成績管理や賞与査定などの人事評価に関与していないか
> （キ）主要な設備の取得や修繕等の設備投資業務に関与していないか
> （ク）従業員への周知は行われているか　　　など

　対外的なもので触れた主要な取引先等への対応と表裏の関係になりますが、例えば、その法人の売上の相当程度を占める業務など、主要な業務に分掌変更後も引き続き携わっている場合には、その法人の主要な活動について重要な地位を占めていると認定される可能性があるでしょう。また、主要な社内会議に出席している場合などは、当然、経営上の重要な情報に接することとなりますし、そこで出てきた案件について助言を求められることも考えられます。そうすると、法人経営に影響を及ぼし得る地位にあると判断される可能性が高くなると考えられます。その他、会社内部での業務分量や出社日数の減少といった

点、人事評価や設備投資に関与していないかといった点も注意すべきでしょう。さらに、従業員に対しても、分掌変更等があったことをしっかりと周知しておくべきでしょう。

（２）　後任役員の経営能力や職務内容

　前任役員が分掌変更等により経営上主要な地位から外れたということは、後任役員が経営上主要な地位を占めていなければ辻褄が合いません。そのため、後任役員の以下のような事項も注意すべきであると考えられます。

> （ア）会社経営に必要な知識又は経験を十分有しているか
> （イ）後任役員自らが経営判断を行っているか
> （ウ）後任役員の職務内容は変化しているか
> （エ）取締役会等に出席しているか。
> （オ）その法人の業務内容や組織体制をしっかりと把握し説明できるか　　など

　後任役員が、会社経営に必要な知識又は経験を十分有しているかどうかや、自ら経営判断を行えているかどうかは重要な判断要素といえます。例えば、代表取締役が非常勤取締役になった場合において、後任の代表取締役が会社経営に必要な知識又は経験を全く有せず、非常勤取締役に経営判断を委ねていたり、常に非常勤取締役に相談しその助言に基づいて判断を下したりしているような場合には、非常勤取締役が依然として経営上主要な地位にいると認定される可能性があるでしょう。

　また、分掌変更等の前後を通じて、後任役員の職務内容が変化しているかや取締役会などへ出席しているか等も確認すべき

でしょう。例えば、分掌変更により代表取締役になった役員が、従来行っていた業務に加えて、新たな業務の企画立案や打ち合わせ等を主導的に行っている場合には、その法人の経営上主要な地位を占めているといえると考えられます。その他、税務調査が行われる場合には、代表取締役など主要な役員が、その法人の業務内容や組織体制を税務職員に説明することになりますが、例えば、分掌変更により代表取締役になった者が、その法人の業務について全く説明ができなかったり、説明の求めに応じなかったりする場合には、前代表取締役が引き続き経営の実権を握っていると認定される可能性もあるでしょう。

（3） 役員給与の減少

　分掌変更等の前後で役員給与がどの程度減少しているかを確認することも必要でしょう。この役員給与の減少は、その地位や職務の内容が激変した場合のひとつの徴表ということができ、分掌変更等通達の基準でも「おおむね50％以上の減少」とされています。ただし、上記1で確認したとおり、形式的に減少しているだけでは意味がなく、あくまでも判断要素のひとつであり、その他の事情等も踏まえ、実質的に退職したと同様の事情にあるといえる状況でなければなりません。役員給与が50％以上減少しているという事実のみをもって、分掌変更等の退職給与として取り扱われるわけではないということを十分認識しておく必要があります。

　なお、役員としての地位又は職務の内容が激変し、実質的に退職したと同様の事情にあるというのであれば、役員給与が減少するのは自然のことであり、むしろ減少していない場合に

は、分掌変更等後の役員給与について不相当に高額な部分があるということもできると考えられます。一方で、もともとの役員給与が低額であるなど、分掌変更等の前後で役員給与が変動しない場合も考えられます。この点について、裁判例においては、役員給与の変動がないことをもって、直ちに、役員としての地位又は職務の内容が激変していないということはできないとしている事例があります。

> ＜長崎地判平成21年3月10日（税資259号−40《順号11153》）＞
>
> 　取締役の退任と監査役の就任の前後において丙の報酬額に変化はなく、報酬額の変化は当該地位や職務の内容が激変した場合の一つの徴表ということができるとしても、それぞれの報酬額は月20万円であって、その金額からして、監査役の報酬を更に低額にすることは困難であるし、非常勤取締役としての原告に対する貢献と、非常勤監査役としての原告に対する貢献とが同額の報酬をもって評価されることはあり得るのであるから、丙の報酬額に変化がないことをもって、直ちに、原告における丙の地位又は職務の内容が激変していないということはできない。

4　同族会社の大株主である場合

　上記2で確認したとおり、取締役が監査役になった場合の例示において、使用人兼務役員とされない役員のうち一定の株主グループに属し、一定の株式等を保有する、いわゆる特定株主を除外しています（特定株主の詳細は第1章③2参照）。このような通達の規定になっているのは、「同族会社の大株主＝実質的な経営者」という考え方に基づくものと思われます。裁判

例においても、実質的に退職したと同様の事情にはないという根拠のひとつとして、株式の保有割合を挙げているものがあります[2]。

　一方、以下の裁判例のように、通達の規定はあくまでも例示であり、実質的に判断すべきであるとした事例もあります。

<長崎地判平成21年3月10日（税資259号−40《順号11153》）>

　丙は、平成16年6月期を含む本件各事業年度を通じて原告の発行済株式総数のうち12％の株式を有しており、法人税法施行令71条1項4号（現5号：筆者挿入）の要件のすべてを満たし…（略）…、使用人兼務役員とされない役員に該当する。そして、本件通達によれば、そのような者が取締役から監査役になったときは、取締役の退任に伴い支給された給与を退職給与として取り扱うことができる場合から除外されている。

　しかしながら、本件通達が退職給与として支給した給与を、法人税法上の退職給与として取り扱うことができる場合として掲げている事実は、その文言からも明らかなとおり、例示であって、結局は、…（略）…、役員としての地位又は職務の内容が激変し、実質的に退職したと同様の事情にあると認められる場合には、その際に支給された給与を退職給与として損金に算入することが認められるべきである。そして、…（略）…、丙が取締役を退任し、監査役に就任したことによって、その役員としての地位及び職務の内容が激変し、退任後も原告の経営上主要な地位を占めているとは認められず、実質的に退職したと同様の事情にあると認められる。

---

(2) 東京地判平成17年2月4日（税資255号−44《順号9925》）、東京高判平成17年9（29）判決（税資255号−264《順号10145》）、最判平成18年3（16）（税資256号−87《順号10347》）、京都地判平成18年2（10）（税資256号−49《順号10309》）はか。

なお、上記裁判例において、課税庁は「同族会社の大株主は、その会社の経営の中枢にあって、経営上主要な地位を占めており、取締役から監査役になったとしても、独立した機関としての監査役の本来の機能は期待できず、その地位又は職務の内容が激変したとは認め難いから、実質的に退職したと同様の事情にあるとはいえない」と主張しました。しかし、裁判所は、一般的に同族会社の大株主が監査役に就任したとしても監査の実効性に疑問が生じることは理解できないわけではないとしつつも、改正前商法等では同族会社の大株主であることを監査役の欠格事由としていなかったことから、改正前商法等はこのような大株主による監査についても一定の機能が果たされることを期待し、可能であることを前提としていたというべきであるとして、課税庁の主張を退けています。

　また、他の裁判例において、課税庁が「同族会社においては、大株主の権限は実質的に経営者と変わることがない。…（略）…、所有する株式を通じて原告会社の経営に参画することができる状態にある」と主張したのに対し、裁判所は、以下のように述べ、その主張を退けています。

＜東京地判平成20年6月27日（税資258号－119（順号10977））＞
　原告乙は原告会社において、役員としてはおろか、従業員としても一切の業務を行っていない状態になったのであって、仮に、原告乙が筆頭株主として原告会社に対して何らかの影響を与え得るとしても、それは、飽くまで株主の立場からその議決権等を通じて間接的に与え得るにすぎず、役員の立場に基づくものではないから、株式会社における株主と役員の責任、地位及び権限等の違いに照らすと、上記のような株式保有割合の状況は、原告乙が

原告会社を実質的に退職したと同様の事情にあると認めることの妨げとはならないというべきである。

このように、同族会社の大株主に該当するからといって、分掌変更等における退職給与の支給が全く認められないということではありません。株式の保有割合を実質的に退職したと同様の事情にはないことの根拠のひとつとして挙げている裁判例においても、他の事情等を総合的にみて判断しており、そのことのみをもって、分掌変更等における退職給与を否定しているわけではありません。分掌変更等通達の規定は、あくまでも、例示であって、実質的に判断するという点に注意が必要です。

5　支給法人と受給者の課税関係

分掌変更等における役員退職給与を支給する場合、万が一、その後の税務調査において役員退職給与を否認されたときは、支給法人及び受給者ともに課税関係が大きく変わってしまうことを認識しておく必要があります。役員退職給与が不相当に高額であるとして、その一部が否認された場合とは異なるので注意が必要です。

役員退職給与が不相当に高額であるとされた場合には、その不相当に高額な部分の金額は支給法人における所得金額の計算上損金の額に算入されませんが、それは役員退職給与であること自体を否定したわけではありません。そのため、受給者側からみれば役員退職給与であることに変わりはなく、所得税の計算上は退職所得として取り扱われます。また、支給法人におけ

る源泉徴収義務についても影響はありません。

　一方、分掌変更等における役員退職給与について、実質的に退職したと同様の事情にはないとされた場合、その支給は役員退職給与以外の給与として取り扱われ、その全額が損金の額に算入されないこととなります。すなわち、役員退職給与であるということを否定されることになります。その結果、受給者においては、所得税の計算上は給与所得として取り扱われます。また、支給法人における源泉徴収義務についても、退職所得に係る源泉徴収ではなく、給与所得に係る源泉徴収を行うこととなります。

3 分掌変更等における役員退職給与の損金算入時期

1 実際の支給と未払計上

役員退職給与の損金算入時期については、第2章で確認したとおり、株主総会の決議等によりその額が具体的に確定した日の属する事業年度に損金の額に算入されることとなります（法基通9-2-28）。ただし、法人がその役員退職給与の額を支払った日の属する事業年度において、その支払った額につき損金経理をした場合には、その支払った日の属する事業年度において損金の額に算入されます（法基通9-2-28ただし書き）。

これに対し、分掌変更等における役員退職給与については、分掌変更等通達の注書きにおいて、以下のように規定されています。

> （注）　本文の「退職給与として支給した給与」には、原則として、法人が未払金等に計上した場合の当該未払金等の額は含まれない。

すなわち、分掌変更等通達においては、分掌変更等における退職給与について実際に支払うことを求めており、原則として、未払金等への計上は認められていません。したがって、分掌変更等における退職給与を株主総会等で決議したとしても、実際の支払いを行わず未払計上しただけでは原則として損金の額に算入されないこととなります。

この注書きは、平成19年3月の通達改正で手当されたものですが、この通達改正の趣旨について、国税庁は以下のように説

明しています。

　分掌変更等通達においては、分掌変更等における役員退職給与について一種の特例として打ち切り支給を認めているものであり、分掌変更等した役員に対して支給した臨時的な給与を退職給与として認める趣旨のものであるとしています。また、この通達改正は、取扱いの明確化を図ったものであり、「実質的

な内容に変更はない」とされていることから、通達改正前から
このような考え方であったということです。この通達改正前の
裁判例で、未払役員退職給与について分掌変更等通達の適用が
あるかが争われた事例があり、その事例において課税庁は以下
のように主張しています。

<東京地判平成 17 年 12 月 6 日（税資 255 号－338《順号
10219》）>
（課税庁の主張）
　a　役員退職給与とは、役員が会社その他の法人を退職したこ
　　とにより支給される一切の給与をいうのであるから、法人が
　　退職給与として役員に対して支給した給与であっても、当該
　　役員の退職の事実がない場合には、原則として当該役員に対
　　する臨時的な給与（賞与）として取り扱われることとなり、法
　　人税法上、損金の額に算入することは許されない。
　　　しかし、役員の分掌変更等により、その役員としての地位
　　又は職務の内容が激変し、実質的に退職したと同様の事情に
　　あると認められるときには、実質的に退職とみて多くの企業
　　では退職給与を支給する慣行があることから、本件通達 9－
　　2－23（平成 19 年 3 月通達改正前の番号：筆者挿入）は、
　　このような企業実態に配慮して、かかる場合には、現実に支
　　給した給与を、税務上も退職給与として損金算入することを
　　認めたものであり、同通達は、役員が引き続き在職する場合
　　の役員退職給与について、一種の特例的な取扱いを明らかに
　　したものと解される。
　b　本件通達 9－2－23 の文理上も、「支給した給与」と規定さ
　　れており、未だ現実に支払われていない退職給与について本
　　件通達 9－2－23 を適用する余地はないことは明らかである。
　c　（略）
　d　（略）

さらにいえば、原告のような個人企業が法人の大半を占めているという我が国の現状において、未払の役員退職金の損金算入を容認した場合、法人のオーナーあるいはその関係者である役員と法人とのなれ合いにより、実際には支給する予定のない退職金相当額を損金計上することで、容易に租税負担を軽減することが可能となるため、これを防ぐという観点からも、未払退職給与については本件通達９−２−２３の適用が認められないのは当然の理というべきである。

　これに対して裁判所は、課税庁の主張をそのまま認め、分掌変更等通達が企業実態に配慮して特例的な取扱いをしていること（特例的取扱いの趣旨）や実際には支給する予定のない退職金相当額を損金計上することで、容易に租税負担を軽減することが可能になるという弊害が生じ得ること（弊害の防止の必要性）に鑑みれば、分掌変更等通達でいう「退職給与として支給した給与」とは、現実に支給した退職給与のことを指し、未払退職給与については含まない趣旨であるというべきであるとしました[3]。

　このように、課税庁は、分掌変更等における役員退職給与は、本来的には法人税法上の役員退職給与には該当しないという考え方[4]の下、分掌変更等通達において特例的に役員退職給与として取り扱っていることや弊害を防止する必要性があることから、分掌変更等における役員退職給与について未払金等へ

---

(3) この事例の控訴審である東京高判平成18年6月13日（税資256号−165《順号10425》）においても、地裁の判断は支持され、納税者敗訴で確定しています。
(4) この考え方は、東京地判平成27年2月26日（税資265号−30《順号12613》）においては否定されていますが、その後、分掌変更等通達の改正はないことから、課税庁としての考え方に変更はないものと思われます。

の計上を認めていないということです。ただし、その法人の資金繰り等の理由による一時的な未払金等への計上までも排除することは適当ではないことから、そのような場合における未払金等への計上は認められますが、そのような場合であっても、その未払いの期間が長期にわたったり、長期間の分割支払いとなったりしているような場合には、未払金等への計上は認められないこととされています。

2 分割支給による場合

　役員退職給与の損金算入時期については、上記1で少し触れたとおり、例外的な取扱いが認められています。すなわち、法人がその役員退職給与の額を支払った日の属する事業年度において、その支払った額につき損金経理をした場合には、その支払った日の属する事業年度において損金の額に算入することとしています（法基通9-2-28ただし書き）。この例外的な取扱いは、役員退職給与の分割支給を直接的に規定したものではありませんが、実務上、法人を完全に退職した役員に対して、役員退職給与を分割支給する場合には、この例外的な取扱いを根拠に、支払の都度、損金の額に算入することが認められています。一方、この例外的な取扱いについて、従来の課税実務では、分掌変更等における役員退職給与には適用がないものと考えられていました。しかしながら、東京地判平成27年2月26日（税資265号-30（順号12613））において、分掌変更等における役員退職給与にも、この例外的な取扱いの適用があるとして、分割支給による損金算入を認める判断が示されました。

この事例は、法人が、代表取締役を辞任して非常勤役員になった者に対して、その分掌変更に伴う役員退職給与を分割支給したところ、2回目の分割金（以下「本件第2金員」といいます）の支給については退職給与に該当せず損金の額に算入できないとして更正処分等を受けたことから、その取消しを求めた事案です[5]。

　この事例における争点は、更正処分等の適法性に係る具体的な争点として、①本件第2金員が法人税法上の退職給与に該当するか否か、②本件第2金員を支給した日の属する事業年度における損金の額に算入することができるか否かです[6]。

　まず、裁判所は、法人税法上の退職給与に該当するか否か（争点①）ついて、以下のとおり解釈すべきと判示し、本件第2金員も代表権を喪失していることや給与が半額以下となっていることに照らし、法人税法上の退職給与に該当するとしました[7]。

＜東京地判平成27年2月26日（税資265号－30《順号12613》）＞
　法人税法34条1項は、損金の額に算入しないこととする役員給与の対象から、役員に対する退職給与を除外しており、役員退職給与は、法人の所得の計算上、損金の額に算入することができるものとされているところ、その趣旨は、役員退職給与は、役員

---

(5) この事例は、2回目の支給が退職所得に該当しないとして、賞与であることを前提に計算される源泉所得税と原告の納付額（退職所得に該当することを前提とした源泉所得税）との差額について納税の告知処分等も行われています。

(6) この事例では、告知処分等の適法性（本件2金員の退職所得該当性）も争点とされていますが、紙幅の関係上省略します。

(7) この裁判例と同じ考え方を示したものとして、東京地判平成29年1月12日（税資267号－3《順号12952》）及び同判決の控訴審である東京高判平成29年7月12日（税資267号－84《順号13033》）があります。

としての在任期間中における継続的な職務執行に対する対価の一部であって、報酬の後払いとしての性格を有することから、役員退職給与が適正な額の範囲で支払われるものである限り（同法34条2項参照）、定期的に支払われる給与と同様、経費として、法人の所得の金額の計算上損金に算入すべきものであることによるものと解される。そして、同法は、「退職給与」について、特段の定義規定は置いていないものの、同法34条1項が損金の額に算入しないこととする給与の対象から役員退職給与を除外している上記趣旨に鑑みれば、同項にいう退職給与とは、役員が会社その他の法人を退職したことによって初めて支給され、かつ、役員としての在任期間中における継続的な職務執行に対する対価の一部の後払いとしての性質を有する給与であると解すべきである。そして、役員の分掌変更又は改選による再任等がされた場合において、例えば、常勤取締役が経営上主要な地位を占めない非常勤取締役になるなど、役員としての地位又は職務の内容が激変し、実質的には退職したと同様の事情にあると認められるときは、上記分掌変更等の時に退職給与として支給される給与も、従前の役員としての在任期間中における継続的な職務執行に対する対価の一部の後払いとしての性質を有する限りにおいて、同項にいう「退職給与」に該当するものと解することができる。

　課税庁は、上記1でみた東京地判平成17年12月6日（税資255号−338《順号10219》）における主張と同様に、分掌変更等における役員退職給与は、本来的には法人税法上の役員退職給与には該当しないという考え方の下、分掌変更等通達において特例的に役員退職給与として取り扱っている旨主張したことに対して、裁判所は以下のとおり退けています。

　被告は、分掌変更のように、当該役員が実際に退職した事実がない場合には、退職給与として支給した給与であっても、本来、臨時的な給与（賞与）として取り扱われるべきであり、法人税基本通達 9－2－32 がその特例を定めた特例通達である旨主張しているところ、同主張が、職務分掌変更等に伴い支給される金員は、本来、法人税法上の退職給与に該当しないという趣旨であるならば、これを採用することはできない。

　そして、裁判所は、本件第 2 金員を支給した日の属する事業年度における損金の額に算入することができるか否か（争点②）について、まず、法人税法上の損金の算入時期の考え方を以下のとおり述べています。

　法人が役員に対して支給する退職給与は、上記「販売費、一般管理費その他の費用」に含まれるところ、法人税法 22 条 3 項 2 号が「償却費以外の費用で当該事業年度終了の日までに債務の確定しないもの」を損金に算入すべき費用の範囲から除外した趣旨は、債務として確定していない費用は、その発生の見込みとその金額が明確でないため、これを費用に算入することを認めると、所得金額の計算が不正確になり、所得の金額が不当に減少させられるおそれがあることによるものであると解されるから、役員退職給与に係る債務が確定していない場合には、これを損金に算入することはできないが、その費用をどの事業年度に計上すべきかについては、公正処理基準（同条 4 項）に従うべきこととなる。

　その上で、本件第 2 金員を支給時に損金経理するという会計

処理は、以下のとおり、公正処理基準に従ったものであり、本件第2金員は支給した日の属する事業年度における損金の額に算入することができるとしました（納税者勝訴）。

<東京地判平成27年2月26日（税資265号-30《順号12613》）>

支給年度損金経理は、企業が役員退職給与を分割支給した場合に採用することのある会計処理の一つであり（略）、多数の税理士等が、本件通達（法人税基本通達9-2-28：筆者挿入）ただし書を根拠として、支給年度損金経理を紹介しているのであって（略）、本件通達ただし書が昭和55年の法人税基本通達の改正により設けられたものであり、これに依拠して支給年度損金経理を行うという会計処理は、相当期間にわたり、相当数の企業によって採用されていたものと推認できることをも併せ考えれば、支給年度損金経理は、役員退職給与を分割支給する場合における会計処理の一つの方法として確立した会計慣行であるということができる。

そして、支給年度損金経理が公正妥当なものといえるかどうかについてみるに、上述のとおり、支給年度損金経理は、本件通達ただし書に依拠した会計処理であり、現実に退職給与が支給された場合において、当該支給金額を損金経理することにより、企業会計（税務会計）上、退職給与が支給された事実を明確にするというものにすぎず、当該事業年度における所得金額を不当に軽減するものではない。また、本件通達本文によれば、退職給与の額を確定した年度において、現実に当該退職給与を支給しない場合には、これを未払金として損金経理することになるところ、個人企業や同族会社が法人の相当数を占めているという我が国の現状を前提とした場合、実際に支給する予定のない退職金相当額を未払金として損金計上することにより、租税負担を軽減するおそれがあることも否定できないのであって、本件通達ただし書に依拠した支給年度損金経理が、本件通達本文による会計処理との対比

において、所得金額を不当に軽減するおそれのあるものであるということもできない。

　課税庁は、これに対して控訴しなかったことから、この事案は確定しています。そして、この判決を受けて、課税庁の職員が執筆している「法人税基本通達逐条解説」[8]では、分割支給の取扱いについて以下のとおり説明しています。

> 　ところで、このように、原則としては未払金等への計上を認めないとしていることとの関係上、退職金を分割して支払いその都度、損金算入するといったことも認められないのではないかと見る向きがある。この点、役員の分掌変更等が実質的に退職したと同様の事情にあることが前提であることは言うまでもないが、分割支払に至った事情に一定の合理性があり、かつ、分掌変更段階において退職金の総額や支払の時期（特に終期）が明確に定められている場合には、恣意的に退職金の額の分割計上を行ったと見ることは適当ではないことから、支払の都度損金算入することが認められると考えられる。

　このように、分掌変更等における役員退職給与については、分割支払に至った事情に一定の合理性があり、かつ、分掌変更段階において退職金の総額や支払の時期（特に終期）が明確に定められている場合には、その支払の都度損金算入することが認められることとなります。

---

(8)　佐藤友一郎編著『法人税基本通達逐条解説（九訂版）』（税務研究会出版局）863頁以下。

4 清算人になった場合の取扱い

　分掌変更等の場合とは異なりますが、法人に引き続き勤務する役員に対する退職給与の論点として、法人が解散した場合において、その法人の役員が引き続き清算人になった場合に支給される退職給与の取扱いが挙げられます。

　例えば、株式会社は、解散した場合（合併によって解散した場合及び破産手続開始の決定により解散した場合で破産手続が終了していない場合を除く）には、清算をしなければなりません（会法 475 一）。清算をする株式会社（以下「清算株式会社」といいます）には、1 人又は 2 人以上の清算人を置かなければならず、清算人には、①取締役（②及び③の者がある場合を除く）、②定款で定める者、③株主総会の決議によって選任された者が就任します（会法 477 ①、478 ①）[9]。

　法人が解散した場合において、従前からその法人の役員であった者が清算人に就任し、引き続き業務を行うケースは多いと考えられますが、そのような場合に、清算人に就任するときに、その前までの勤務期間に対応する退職給与を支給することができるかについて疑義が生じます。

　まず、所得税基本通達においては、以下の規定があります。

> **＜引き続き勤務する者に支払われる給与で退職手当等とするもの＞**（所基通 30−2）
>
> 　引き続き勤務する役員又は使用人に対し退職手当等として一時に支払われる給与のうち、次に掲げるものでその給与が支払われた

---

(9) ①から③までの清算人となる者がいないときは、裁判所が利害関係人の申立てにより清算人を選任するなど一定の例外もあります（会社法 478 ②③④）。

後に支払われる退職手当等の計算上その給与の計算の基礎となった勤続期間を一切加味しない条件の下に支払われるものは、30-1にかかわらず、退職手当等とする。

(1)〜(5) （略）

(6) 法人が解散した場合において引き続き役員又は使用人として清算事務に従事する者に対し、その解散前の勤続期間に係る退職手当等として支払われる給与

　この所得税基本通達30-2(6)により、法人が解散した場合において引き続き役員又は使用人として清算事務に従事する者に対し、その解散前の勤続期間に係る退職手当等として支払われる給与は、所得税法上退職所得として取り扱われることとなります。なお、この所得税基本通達30-2においては、(3)として役員の分掌変更等を定めており、引き続き清算事務に従事する者の取扱いと区別されています。

　一方、法人税においては、法人税基本通達に上記のような定めはないものの、国税庁ウェブサイトの質疑応答事例において、以下の見解が示されています[10]。

＜解散後引き続き役員として清算事務に従事する者に支給する退職給与＞

【照会要旨】

　法人が解散した場合において、引き続き清算人として清算事務に従事する旧役員に対しその解散前の勤続期間に係る退職手当等として支払われる給与については、法人税法上退職給与として取り扱われますか。

【回答要旨】

　退職給与として取り扱われます。

---

(10) https://www.nta.go.jp/law/shitsugi/hojin/11/05.htm

（理由）

　法人が解散した場合において、引き続き役員又は使用人として清算事務に従事する者に対し、その解散前の勤続期間に係る退職手当等として支払われる給与は、所得税法上退職手当等として取り扱われています（所得税基本通達30−2⑹）ので、法人税法上も退職給与として取り扱うことが相当と考えられます。

　したがって、法人税法においても、退職給与として取り扱われることとなります。

　なお、この場合の損金算入時期については、株主総会の決議等によりその額が具体的に確定した日の属する事業年度の損金の額に算入され、又は法人がその役員退職給与の額を支払った日の属する事業年度において、その支払った額につき損金経理をした場合には、その支払った日の属する事業年度において損金の額に算入されると考えられています（法基通9−2−28）[11]。

---

(11) 衛藤政憲『Q&A50 事例で見る疑問と実務　役員退職給与を巡る諸問題』（大蔵財務協会）320頁以下、大田達也『「解散・清算の実務」完全解説』（税務研究会出版局）218頁。

執筆者紹介

鈴木　涼介（すずき　りょうすけ）

平成 18 年税理士登録、平成 22 年「日税研究賞」受賞、平成 26 年鈴木涼介税理士事務所開設、同年 3 月～平成 29 年 3 月個人情報保護委員会事務局（内閣府外局）において、上席政策調査員としてマイナンバーガイドラインの策定、立入検査及び審査等の業務に従事。日本税法学会会員。東京税理士会調査研究部委員。日本税務会計学会訴訟部門委員。

【主要著書・論文】

『中小企業とマイナンバーQ&A これだけは知っておきたい実務対応』（清文社）

『和解をめぐる法務と税務の接点』（共著・大蔵財務協会）

「租税行政における Q&A の法的性格とその存在意義」（日税研究賞「入選論文集」33 号・（公財）日本税務研究センター）

「小規模宅地等の特例の厳格化とその課題」（税研 163 号・（公財）日本税務研究センター）ほか

著者との契約により検印省略

令和2年11月30日　初　版　発　行

税の難問　解決へのアプローチ
役員退職金の設定実務ガイド

著　者	鈴　木　涼　介	
発行者	大　坪　克　行	
印刷所	美研プリンティング株式会社	
製本所	牧製本印刷株式会社	

発 行 所　東 京 都 新 宿 区　　　株式　税 務 経 理 協 会
　　　　　下落合2丁目5番13号　　会社

郵便番号　161-0033　振替　00190-2-187408　　電話(03)3953-3301(編集代表)
　　　　　　　　　　　FAX(03)3565-3391　　　　　(03)3953-3325(営業代表)

URL　http://www.zeikei.co.jp/

乱丁・落丁の場合はお取替えいたします。

ISBN978-4-419-06753-3　C3032

どうかが問題となることも多くあります。これは主として事実認定の問題であり、職務内容の具体的な変化等について、過去の裁判例等を踏まえつつ、一つずつ検証する必要があります。

　このように、役員退職給与を支給するに当たっては、課税実務や裁判例において、どのように不相当に高額な部分の金額を計算しているのか、また、どのような事実に基づいて実質的に退職したと同様の事情にあると認定しているのかなどを理解しておく必要があります。

　そこで、本書では、第1章で役員退職給与の性格や法令の定めなどの基本的な取扱いを確認した上で、第2章で実際に役員退職給与を支給する上で気を付けておきたいことを解説しています。そして、第3章では課税実務や裁判例において、役員退職給与の相当性の判断基準として用いられている方法について解説し、第4章では役員の分掌変更等において「実質的に退職したと同様の事情にある」といい得るためにはどのような事項について注意すべきかを解説しています。

　なお、本書の執筆については、多くの裁判例等をフォローし、丁寧な解説を心がけましたが、至らぬ点も多々あると思われることから、皆様の御叱正をいただければ幸いです。

　最後に、本書の出版にご尽力いただいた株式会社税務経理協会の中村謙一氏に対して、心から感謝申し上げます。

　そして、いつも支えてくれている家族に感謝します。

令和2年11月

税理士　鈴木涼介

はじめに

　役員退職給与の支給は、かつての終身雇用及び年功序列型の給与体系の下においては、一般的に行われてきました。しかし、近年では、成果主義に重点が置かれ、業績評価に基づいた給与体系への変更が多くなり、上場企業を中心に役員退職給与制度を廃止する企業が多くなっています。

　一方、中小企業においては、事業承継対策や相続対策、税制上の優遇措置（いわゆる退職所得の2分の1課税）などから、役員退職給与を支給したいというニーズは多く、実際に支給している企業が多いと考えられます。

　ところで、法人税法においては、役員退職給与は法人と役員との間の委任契約に基づいて提供された労務の対価であることから、原則的には、損金の額に算入することとされています。しかしながら、恣意性の介入する余地があることは否定できないため、課税の公平を図る観点から、損金算入について一定の制限が設けられています。すなわち、役員退職給与の額のうち不相当に高額な部分の金額は損金の額に算入されないこととなっています。この「不相当に高額な部分の金額」については、法令においてその算定基準や計算方法が明確に規定されておらず、税務調査や税務訴訟において、「同業類似法人の支給状況」といった納税者や税理士では入手困難な情報との比較で相当性が判断されることが大半です。また、役員退職給与の支給を巡っては、いわゆる分掌変更等に伴って支給された役員退職給与について、「実質的に退職したと同様の事情にある」か

税の難問
解決へのアプローチ

役員退職金の
設定実務ガイド

税理士　鈴木　涼介　著

税務経理協会